마쓰우라 야타로 松浦弥太郎

일본 직장인들이 닮고 싶어 하는 프로페셔널.
고등학교를 중퇴하고 미국으로 건너갔다. 미국의 서점 문화
에 매료되어, 귀국 후 트럭을 마련해 여행하는 서점을 열었
다. 그 경험을 바탕으로 2002년 일본 셀렉트 서점의 선구로
평가받는 '카우북스COW BOOKS'를 열어 지금까지 운영하고 있
다. 2006년부터 2015년 3월까지 70여년의 역사를 지닌 일
본 최고의 잡지 〈생활의 수첩〉의 편집장을 지냈다. 현재는
요리와 일상의 즐거움을 안내하는 웹사이트 '쿡패드cookpad'
의 편집장으로 재직 중이다.
그는 자신이 입고 먹는 것, 생활하는 공간, 사용하는 물건,
직장에서 일을 처리하는 방식 등을 통해 '나다움'이 무엇인지
발견할 수 있다고 생각하는 사람이다. 그리고 자신이 무엇을
좋아하는지 스스로에게 끊임없이 질문하고, 생활 속 사소한
것 하나까지도 자신에게 맞는 것을 선택하는 것이야말로 삶
을 단단하게 하는 뿌리가 되어준다고 믿는다.
한국에 출간된 책으로는 『일의 기본 생활의 기본 100』, 『안녕
은 작은 목소리로』, 『울고 싶은 그대에게』 등이 있다.

JN346734

나희의 기쁨

"ITSUMO NO MAINICHI," by Yataro Matsuura

Copyright © Yataro Matsuura
All rights reserved.
Published in 2013 by Shueisha Inc., Tokyo
This Korean edition published by arrangement with
Shueisha Inc., Tokyo in care of Tuttle-Mori Agency, Inc., Tokyo
through Eric Yang Agency, Seoul.

이 책의 한국어판 저작권은 EYA(Eric Yang Agency)를 통한
Shueisha Inc.,와의 독점계약으로 글담출판사가 소유합니다.
저작권법에 의하여 한국 내에서 보호를 받는 저작물이므로 무단전재 및 복제를 금합니다.

의식주 그리고
일에서 발견한
단단한
삶의 태도

마쓰우라 야타로 지음
최윤영 옮김

나만의 기본

indigo

프롤로그　　　　　자신의 기본부터 발견합시다

20대 시절 나다움 같은 건 조금도 없었습니다.

나답지도 못하면서 그렇다고 남을 따라하지도 않고, 평범이라는 말을 거부하며 타인과 다르게 보이는 내가 되는 것에 열심이었습니다.

그러다 항상 타인의 시선에 신경 쓰고 있는 나 자신을 발견한 순간, 나다움이 없음을 깨달았습니다. 매사 타인에게 어떻게 비춰질까, 어떻게 여겨질까 생각하며 옷차림이며 생활이며 행동거지까지 전전긍긍했죠. 때문에 진정한 내 모습은 보이지도 않고, 겉치레와 시답잖은 자존

심에서 생겨나는 거짓으로 치장된 나 자신만 보였습니다. 그런 날들이 마음 편할 리 없었지요. 언제나 지쳐 있는 내가 있을 뿐이었습니다.

이런 피곤한 매일에서 해방되고 싶다, 이런 생각을 하며 여러모로 반성을 했습니다. 이제껏 타인의 시선에서 답을 찾던 나는 우선 내 자신이 어떻게 생각하는지, 내가 어떻게 하고 싶은지, 내가 어떻게 하면 매일 마음 편하게 일과 생활, 인간관계를 잘 이어갈 수 있는지를 생각했습니다.

이를 위해 나는 내 마음을 온전히 열어 있는 그대로의 모습을 드러내야겠다고 마음먹었습니다. 내가 무엇을 좋아하고 싫어하는지 하나하나 확인해나갔지요. 그리고 내가 멋있다고 생각한 것은 모두 따라해봤습니다. 미켈란젤로가 남긴 '모방은 창조의 어머니'라는 말의 의미를 이해하게 된 것도 그 무렵이었습니다.

일단은 자신을 아는 것.

자신의 기본이 무엇인지를 발견하는 자세가 중요합니다. 제가 그랬던 것처럼, 20대부터 30대는 일과 생활에서 자신의 기본 찾기가 가장 큰 주제입니다.

좋아하는 것은 좋아하고, 서툰 것은 어려워하며, 또한 모르는 것은 모른다는 사실을 이해해야 자신이 잘하는 것과 못하는 것, 그리고 부족한 것을 발견해 앞으로 무엇을 배워야 좋을지를 알 수 있습니다.

자신의 기본부터 발견합시다.

먼저 있는 그대로의 자신이 어떤 인간인지를 알아야 합니다. 그런 다음 자신의 취향에 대해 생각합시다. 자신의 취향을 발견하고, 생활 속 자신만의 기본으로 삼는 것이야말로 '나다움'입니다. 흡사 벌거벗은 자신에게 옷을 입혀나가는 것과 같습니다.

이 책의 목적은 기본에 대한 답이 아닙니다. 한 사람의

기본을 예로 들어, 나의 기본은 어떤 것일까 하고 곰곰이
생각하며, 그것을 출발선으로 삼아 더욱 새로운 나다움
을 향해 걸어나갔으면 하는 것입니다.

기본 찾기는 온전한 자기 자신으로 있기 위한 출발선
을 발견하는 일, 언제나 새로운 매일을 보내기 위한 첫걸
음입니다.

차례

프롤로그 | 자신의 기본부터 발견합시다 | 4

옷차림의 기본 _ 나다움을 표현하다

고전으로부터 배우는 것 | 14
변하지 않는 것을 계속해서 만드는 성실함

셔츠 | 21
무슨 일이 있어도 괜찮다는 자신감을 만들어주는 힘

재킷 | 28
언제 어디서건 무리 없이 어울리는 편안함

청바지 | 33
유행에 따르기보다는 본래 성질을 고려한다

손목시계 | 38
감각과 취향이 고스란히 드러나는 물건

신발 | 44
핸드메이드 제품을 오래도록 아끼며 신는다

코트 | 50
취향에 맞는 코트 세 벌이면 충분하다

레인 코트 | 55
튼튼하고 수수한 것을 구매해 평생 입는다

파자마 | 60
편안한 잠자리를 위한 작은 사치

가방 | 65
기본은 빈손, 가방은 그 다음

스웨터 | 71
디자인이 아니라 소재를 입는 옷도 있다

안경 | 75
타인에게 나를 보여주는 또 다른 얼굴

손수건 | 79
매일 같은 것을 새롭게 사용하는 산뜻한 기분

모자와 머플러, 장갑 | 83
함께 걸쳐도 어색하지 않은 조화를 찾는다

현명한 소비의 조건 | 87
무리하지 않는 선에서 구매해 소중하게 사용한다

생활의 기본 _ 나 자신에게 좋은 공간을 만들다

가족 | 96
존중하고 인정하는 마음이 기본

개인 공간 | 105
누구에게나 자신만의 피난처가 필요하다

거실의 규칙 | 112
물건을 늘리지 않고 공간의 조화를 파괴하지 않는다

테이블과 의자 | 119
매일 사용하는 물건에 돈을 들이는 것은 낭비가 아니다

머그컵과 식기 | 125
식탁 위의 조화를 고려해 심플한 것을 선택한다

밥그릇과 젓가락 | 130
가족 수에 맞게 똑같은 것을 마련해 모두 같이 사용한다

도시락통 | 135
옛날 그대로의 소박한 도구가 지닌 매력

아침밥 | 139
나다운 하루를 시작하기 위해 필요한 개인 시간

슬리퍼 | 144
매일 함께해야 하는 물건은 신중하게 선택한다

평생 함께할 가게 | 149
취향에 맞는 물건을 갖춘 가게가 있다는 든든함

아로마 오일 | 154
좋아하는 향이 있다면 언제든 나만의 장소를 만들 수 있다

오가닉 제품 | 159
내 몸에 직접 닿는 것을 선택하는 기준

꽃과 꽃병 | 164
좋아하는 꽃 하나 정도는 있어야 일상이 풍성해진다

침대와 베개, 리넨 | 169
쾌적한 잠자리를 위해서 가장 중요한 것

일의 기본 _ 나만의 규칙을 세우다

대비하는 습관 | 176
주도적으로 일하기 위해서는 나름의 계획부터 세워야 한다

책상 정리 | 183
복잡한 것을 단순화시키는 것이 일의 본질이다

스케줄과 수첩 | 189
업무의 나열뿐 아니라 일에 쫓기지 않기 위해서 필요한 기록

사무용 문구 | 195
당연하게 여기는 것을 소중히 다루는 태도

편지의 규칙 | 201
가능한 한 자연스럽게, 천천히, 마음을 담아서 쓴다

회의와 장소 | 207
회의의 성격과 상대방을 배려한 장소를 선택한다

선물의 목적 | 211
부담 없이 기쁘게 받을 수 있는 것을 고른다

실수를 인정하는 태도 | 216
스스로에게 부끄럽지 않기 위해 필요한 마음가짐

명함 정리 | 220
중요한 관계에 집중하는 자신만의 방식을 만든다

지갑과 카드 | 224
꼭 필요한 것만 남기고 여유 공간을 남겨둔다

여행 가방 | 230
멋진 것보다 언제든 가볍게 들고 다닐 수 있는 것이 좋다

에필로그 | 기본이라는 건 매우 심플합니다 | 234

옷차림의 기본

나다움을 표현하다

고전으로부터 배우는 것

긴 세월 동안 사람들로부터 사랑받으며 이 세상에서 사라지지 않는 것, 그런 물건을 접할 때마다 '이건 무엇이 다른 걸까?'라는 생각을 하곤 합니다. 그 이유를 알고 싶고 배우고 싶습니다.

예를 들면 고전적이거나 보편적인 디자인의 옷이 그렇습니다. 오랜 세월에 걸쳐 세대와 상관없이 그 스타일을 좋아하고 찾는 사람들이 계속 생겨나니 말입니다.

'눈에 띄는 디자인도 아니고, 오히려 굉장히 심플한데, 도대체 어떤 점이 매력으로 느껴지는 걸까?'

'50년, 100년을 초지일관 같은 스타일을 고수하는 태도가 지지받는 이유는 도대체 무엇일까?'

고전적인 물건에 대해서 생각하다보면 자연스레 일을 대하는 나의 태도에 대해서도 돌아보게 됩니다. 나아가서는 '라이프 스타일을 풍요롭게 하는 작은 힌트'까지 얻게 되지요. 그래서 옷을 고를 때 나는 언제나 고전적인 옷을 선택합니다. 아무런 특징이 없어 보이는 꾸밈없고 지극히 보편적인 옷을 말입니다.

물론 옷이란 하나의 문화이기에 20대 시절에는 유행을 놓치지 않으려고 노력했습니다. 적극적으로 유행을 좇지는 않았지만, 계절이 바뀔 때마다 새로운 옷을 사서 몸에 걸치곤 했습니다.

'트렌드에 맞는 옷을 입으면 나의 라이프 스타일도 달라질까?'

30대까지는 이런 것을 즐기며 시험해보았던 것 같습니다. 분수에 안 맞는 고가의 물건을 손에 넣고는 뭔지 모를 부자연스러움을 느끼기도 하면서요. 그 후에 '아, 이건 그저 자기만족에 지나지 않는구나'라고 깨달으며 창피했던 일도 나다운 것을 찾기 위한 하나의 과정이었다고 생각합니다. 그런 시행착오를 쌓아나가던 어느 날, 문득 생각했습니다.

'옷을 입었을 때 나의 몸과 마음이 모두 만족하는 스타일은 무엇일까?'

이 물음에 딱 들어맞는 것, 그것이 내게는 고전적인 옷이었습니다. 그 이후로 옷을 선택하는 나의 기준은 '보편적이고 고전적이며 질 좋은 것'이 되었습니다.

유행에 대해 말하자면, 지금의 나에게는 하나의 정보에 지나지 않습니다. 그래서 의식적으로 내 생활 속에 넣으려 하지 않습니다.

'세상의 흐름은 지금 이렇구나' 혹은 '최근에는 이런 것이 요구되고 있고, 이런 것이 유행하는구나' 하고 파악하는 정도에서 그칩니다.

계속해서 새로운 것에 관심을 갖고 트렌드에 맞는 옷이나 물건을 사는 것 또한 의미가 없는 일은 아닙니다.

하지만 유행에 맞추기 위해서는 항상 소비를 해야만 합니다. 물론 그것도 하나의 모습이기는 하나 지금의 나에게는 맞지 않을뿐더러 그다지 흥미도 없습니다.

그만큼의 에너지를 고전적인 양식을 배우는 일에 노력을 기울이는 쪽이 잘 맞습니다.

'오랫동안 변하지 않는 고전적인 양식에서 도대체 무엇을 배우나요? 디자인도 스타일도 틀에 박혀 있는데.'

이런 의문을 가지는 사람도 있을지 모르겠네요.

하지만 고전적인 옷은 깊이가 있습니다. 말 그대로의 전통이나 역사, 그 사회와 창업자의 이념도 있습니다. 내가 모르는 고전적인 브랜드도 여전히 많고요.

또한 '변하지 않는 것'을 계속해서 만들어나가는 행위는 정성과 노력, 성실함에 의해 유지되고 있습니다. 한 시즌, 단 한 번 양질의 것을 만드는 일은 어쩌면 대부분의 브랜드가 할 수 있는 일일지도 모릅니다.

하지만 비용이 올라가도, '요즘 시대에 그런 노력과 시간을 들인다는 건 멍청하다'는 시대의 흐름이 큰소리쳐도, '요즘 잘 팔리는 유행 상품은 저쪽이에요' 하며 세상 사람들이 모두가 달려가버려도, 묵묵히 같은 상품을 계

멀쩡하지 않은 것을
계속해서 만드는 상상을 멈출

속해서 만들어나가는 것은 참으로 고되고 신념이 필요한
일입니다.

무엇보다 자신들이 만드는 물건에 대한 변함없는 애정
이 필요합니다. 그래서 오랜 시간이 지나도 고전으로부
터 배울 것은 아직도 많습니다.

셔츠

언제, 누구를 만나도 괜찮다.

어느 때고 내가 나답게 있을 수 있다.

바짝 긴장되면서 자신감이 살짝 붙는다.

이런 느낌을 주는 질 좋은 흰색 셔츠가 나의 기본 아이템입니다.

레귤러 칼라 셔츠, 싱글 커프스의 지극히 정통파적인 것으로 정해놓고 있습니다. 여름에는 리넨을 걸치기도 하지만 거의 대부분 옥스퍼드 옷감을 애용하고 있습니다.

젊은 시절부터 줄곧 착용하고 있는 브랜드는 브룩스 브라더스Brooks Brothers의 셔츠입니다. 마가렛 호웰Margaret Howell의 코튼 셔츠를 구매할 때도 있고요. 물론 모두 흰색을 선택하고 있습니다.

1818년 창업한 브룩스 브라더스의 오랜 역사 속에서 어느 정도의 변화는 있었겠지요. 그러나 놀라울 정도로 기본형은 변함이 없습니다. 같은 디자인, 같은 색상의 셔츠를 다섯 장 정도 지니고 있으면 적어도 10년 정도는 아주 안전하다고 봅니다. 앞으로 나이를 먹어도 계속 입을 수 있을 테니 말이죠.

기본 흰색 셔츠는 직장에서뿐 아니라 조금 형식적인 자리에서도 민망하지 않습니다. 그 밖에는 캐주얼한 평상복으로 연한 블루 셔츠를 입기도 합니다.

세상에는 줄무늬나 체크무늬, 꽃무늬 같은 화려한 셔츠들이 많습니다. 핑크나 오렌지, 검은색 같은 색상에 이끌리는 사람도 있겠지요. 흰색과 블루만 소유하고 있다고 말하면 따분하다고 느낄지도 모르겠습니다.

하지만 질 좋은 기본 셔츠 한 장만 있으면 다양한 스타일을 즐길 수 있습니다.

예를 들면 주름의 조절을 들 수 있지요. 나는 매일 입는 셔츠에는 다림질을 하지 않습니다. 좋은 셔츠는 평범하게 세탁기로 세탁해 잘 펴서 정성스레 너는 것만으로도 남다른 감촉과 적당한 주름을 만들 수 있습니다. 꾸깃꾸깃하지 않으면서도 그렇다고 빈틈없이 반듯하게 다린 것도 아닌, 그 중간 정도의 멋진 느낌이 연출되지요. 착용감도 좋고 넥타이를 매도 폼이 납니다. 무엇보다 조금도 게을러 보이지 않습니다. 미묘한 주름 조절이 자연스러워서 오히려 분위기 있는 사람이 된 것 같은 기분이 듭니다.

많은 사람들 앞에 나설 때나 약간 격식이 필요한 자리일 때는 같은 셔츠를 반듯하게 다림질을 하면 정신을 바짝 차리게 됩니다. 다림질을 하지 않아도 괜찮은, 질 좋은 셔츠는 옷감이 좋고 재단이나 봉제가 깔끔하게 처리되어 있어서 다림질을 하면 정말로 깔끔하게 마무리됩니다. 같은 셔츠임에도 다림질만으로 완전히 다른 느낌을 즐길 수 있는 것이죠.

결국 질 좋은 셔츠는 '무슨 일이 있어도 괜찮다'는 자신감으로 이어집니다. 언제 어느 때건 남 앞에서 겉옷을 벗

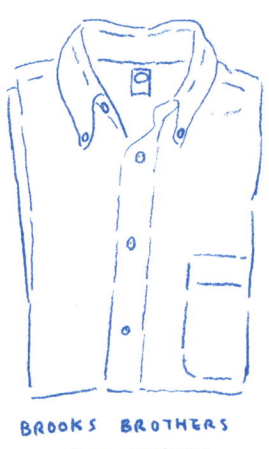

BROOKS BROTHERS
B.D. SHIRTS

무슨 일이 있어도 괜찮다는
자신감을 만들어주는 힘.

는 일이 있어도 민망하지 않지요.

손질에 대해 말하자면, 약품을 대량으로 사용하는 클리닝은 천을 상하게 하므로 집에서 세탁하며 이따금씩 다림질을 하는 정도가 좋습니다.

'다림질'이라고 하면 엄청난 수고로 생각할지도 모르지만, 전체를 빠짐없이 다릴 필요는 없겠지요. 풀 먹여 다릴 필요도 없고, 옷깃과 소맷부리와 단추 집 덧단을 살짝 누르면 완성, 그 정도면 충분합니다.

직접 세탁하거나 다림질을 하면 셔츠의 구조 자체를 이해할 수 있습니다. 미세한 부분까지 눈이 가게 되므로 '좋은 셔츠를 감정'할 수 있게 되지요. 옷장에 넣을 때는 작게 포개지 않고 행거에 걸어두면 깔끔한 형태가 유지되고요.

옷맵시라는 점에서 덧붙이자면, 버튼은 보통 채우고, 사계절 내내 긴 소매를 선택하는 게 나의 기본입니다. 이

너를 셔츠 안에 입는 일도 하지 않습니다. 속옷의 실루엣이나 무늬가 비치는 걸 원치 않기 때문입니다. 그래서 한겨울일지라도 맨살에 셔츠를 걸칩니다. 이는 일종의 남자의 고상함이 아닐까요?

셔츠 자락을 바지 안에 넣는 것도 성인의 옷맵시 매너입니다. 물론 셔츠 자락을 밖으로 꺼내어 입는 것은 하나의 문화이자 패션이라는 관점도 있습니다. 하지만 셔츠는 본래 안으로 집어넣어 입게끔 디자인된 옷이므로 본래의 규칙을 따르는 편이 깔끔해 보이지요.

여성이건 남성이건 기본 셔츠를 정성들여 입는 것은 '옷의 기본형'을 이해하는 의미에서도 중요한 일이라고 생각합니다.

내가 주로 입는 재킷은 워크 웨어기능성과 실용성이 강한 작업복의 이미지를 반영한 스타일—옮긴이로 만들어진 옷입니다.

'디자이너는 ○○'라는 어필도 없고, '○○ 씨가 즐겨 찾는 단골집'이라는 평판도 존재하지 않습니다. '○○ 브랜드'라는 주장도 없고, 너무 평범해서 딱히 인상에 남을 만한 일도 없는 옷입니다. 내가 무엇을 입고 있었는지 상대도 잊어버릴 만큼 개성없는, 그런 재킷이지요.

업무상 정장을 입지 않아도 재킷에 넥타이면 충분합니다. 또한 재킷에 관해서는 편리한 활동성이 중요하다고 느끼고 있기에 워크 재킷에 가까운 것이 좋습니다. 일상복으로는 영국 신사보다 영국 농부 같은 분위기의 옷을 선호하는 것이지요.

색은 네이비, 테일러 칼라에 버튼은 셋입니다. 같은 디

OLD TOWN JACKET

언제 어디서건 무리 없이
어울리는 편안함.

자인의 재킷을 면과 마 소재로 두 벌씩, 도합 네 벌을 갖추고 있습니다. 네이비는 만나는 상대가 누구건, 장소가 어디건 무리 없이 어울리는 색이라고 생각합니다.

모두 영국 교외의 노픽 북부에 위치한 작은 상점, 올드타운old-town이라는 가게의 제품입니다. 올드타운의 옷은 결코 고급 제품은 아닙니다. 별로 특별할 것도 없는 소박한 옷을 장인들이 오랜 시간 묵묵히 만들고 있습니다. 기성복이라 다소의 재고는 있는 듯하나, 기본적으로 주문이 들어오면 생산에 들어가는 시스템입니다.

재킷은 편리한 활동성과 마찬가지로 사이즈 조절이 중요한데, 세분화되어 있어 딱 알맞은 사이즈를 손에 넣을 수 있습니다.

그만큼 주문부터 도착까지 다소 시간이 걸리지만, 잊고 있을 무렵에 손에 넣는 것도 또 하나의 즐거움입니다. 요즈음은 웹사이트에서 손쉽게 주문할 수 있습니다.

올드타운 디자인의 포인트는 심플한 라인, 조화로운

디테일, 견고한 짜임새, 이 세 가지라고 합니다. 일반적으로 '디자인 포인트'라고 말할 수 없을 만큼 당연한 것이지만, 그런 점을 꼼꼼하게 착실히 지키고 있기에 올드타운의 옷은 오랫동안 안심하고 입을 수 있습니다.

재킷을 고를 때의 기준은 행거나 의자에 걸어놓고 멀리서 봤을 때 깔끔한 것을 찾습니다. 질이 좋은 재킷은 벗어놓고 멀리서 떨어져서 봤을 때의 분위기만으로도 알 수 있으니까요.

청바지

네이비 재킷과 그레이 팬츠.

나의 기본 출근 복장입니다. 이 조합이면 대체로 괜찮습니다.

재킷을 네이비로 정해놓고 있어서 아래에 맞출 팬츠는 보통 그레이나 베이지입니다. 똑같은 네이비로 하면 도무지 조화가 잘 안 맞고, 카키는 아슬아슬하게 어울리지만 살짝 캐주얼한 느낌이 납니다.

겨울에는 울 팬츠도 입는데, 1년을 통틀어 생각하니 기본은 대부분 면 팬츠입니다. 디자인 또한 고전적인 것으로 셔츠의 선택 방식과 거의 비슷합니다.

너비가 좁거나 기장이 짧거나 하는 유행이 있기는 하지만, 비즈니스에도 무리가 없어야 한다는 점을 고려해서 고전적인 디자인의 질 좋은 제품을 선택합니다. 여러 번 빨아 색이 바래도 그 나름대로 안정감 좋고 다림질을 하면 점잖은 느낌도 나는 제품이 좋습니다. 이렇게 생각하면 셔츠와 마찬가지로 소재를 중요하게 살펴보게 됩니다.

보통은 재킷같이 겉옷으로 위에 착용하는 '눈에 띄는 옷'에 돈을 들이기 쉬운데, 남성의 경우에는 하반신의 옷맵시도 매우 중요합니다. 소홀히 여기기 쉬운 아이템이니만큼 자신의 체형과 평소 스타일에 맞는 소재와 사이즈를 꼼꼼하게 선택해 보면 어떨까요?

쉬는 날이나 일이 있다 해도 사람과 마주치지 않는 그런 날에는 청바지도 입습니다. 리바이스 501. 모르는 사람이 없을 정도의 기본 아이템으로, 열네다섯 살 무렵부터 줄곧 이 모델만 입고 있습니다.

청바지는 본디 작업복이어서 조금 큰 사이즈를 낙낙하게 입어야 활동하기 편하죠. 유행에 따라서는 슬림핏의 폭이 좁은 것을 선택하는 남성도 있지만, 청바지의 본래 성질을 생각하면 글쎄요.

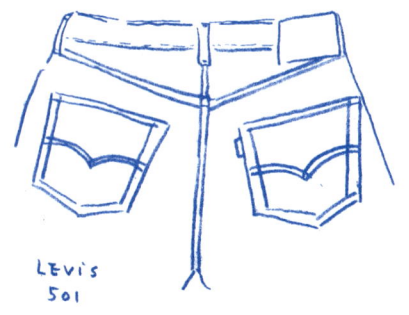

유행에 따르기보다는
본래 성질을 고려한다.

기본 셔츠와 원 사이즈보다 살짝 큰 청바지에 딱 맞는 재킷을 입습니다. 나에게는 이 조합이 활동하기도 편하고 군더더기 없이 깔끔하게 느껴집니다.

손목시계

'가슴이 두근거릴 만한 손목시계는 차지 않는다.'

손목시계의 선택 기준을 물으면 나는 이렇게 대답합니다.

손목시계에 열광하는 사람은 많습니다. 특히 남성의 경우 자동차나 오디오, 컴퓨터와 나란히 돈을 들이는 아이템 중 하나가 손목시계입니다. 유일한 액세서리로 혹은 자신의 지위를 드러내는 수단이 되기도 하지요.

세상에 좋은 시계는 많고 가격도 어마어마합니다. 셔츠의 경우 고급품이라도 보통 2, 3만 엔인데, 시계는 수백만 엔을 호가하는 것들이 수두룩합니다.

하지만 아무리 좋은 시계라 해도 나이에 어울리지 않는 것은 '그 사람에게 좋은 시계'가 아니겠지요. 스무 살 대학생이 롤렉스 시계를 차고 있다면 과연 진품으로 보일까요? 무리하여 까르띠에 시계를 구매해 애지중지하

WRIST
WATCH

감각과 취향이
고스란히 드러나는 물건.

는 모습 역시 멋져 보이지 않습니다.

아무리 고가여도 손목시계는 일용품, 생활도구입니다. 어딘가에 부딪치거나 떨어뜨리고 우그러뜨리는 일들이 빈번합니다.

'손상되면 큰일이다'라는 걱정 없이 대수롭지 않게 다룰 수 있는 것, 가슴 두근거리지 않고 평소에 노심초사하지 않고 마음 편하게 착용할 수 있는 것.

이런 시계가 '그 사람에게 좋은 시계'라고 생각합니다. 연령과 소득에 비춰 분수에 맞는 것들 중 자신에게 잘 어울리는 시계를 선택하는 것이 좋지 않을까요?

손목시계뿐만 아니라 몸에 착용하는 것은 전체적인 조화가 중요합니다. 재킷, 신발, 가방은 적정 수준인데, 손목시계만 고급이라면 뭔가 균형이 맞지 않는 느낌이 들 겁니다.

손목시계는 눈에 잘 띌 뿐 아니라 그 사람의 감각과 취향이 고스란히 드러나는 물건입니다. 그렇기에 가격뿐 아니라 고려할 사항이 생각보다 많습니다.

이건 어디까지나 개인적인 취향인데, 다이아몬드가 박힌 크고 화려한 것은 어쩐지 촌스럽게 여겨집니다. 비싸지도 않고 싸지도 않은 어중간한 제품도 자신의 늘 몸에 지니는 물건을 대충대충 고른 듯한 느낌이 들어 마땅찮습니다.

그래서 나는 세이코SEIKO의 기본 제품을 추천하지만, 반대로 스와치swatch처럼 부담 없이 값싼 제품도 좋습니다. 젊을 때에는 충분히 캐주얼하게, 30대가 되면서부터는 단정한 것을 선택했습니다. 그 중간은 있을 수 없다는 생각을 했지요. 눈에 띄지 않고 특별히 디자인이 많지 않은 심플한 기본은 누가 봐도 좋은 인상을 주니까요.

지금은 휴대전화도 있고, 역이나 가게 등 모든 곳에 시계가 넘쳐납니다. 일상 속에서 손목시계는 갈수록 중요한 위치에서 밀려나고 있는 것 같습니다.

이렇게 생각하면 굳이 '손목시계를 소유하지 않는다'는 선택도 있지 않을까요? 특히 여성의 경우 손목시계를 차지 않는 사람이 오히려 멋져 보이기도 하더군요.

신
발

'핸드메이드 제품을 신는다.'

신발에 대해 내 나름의 미학이 있다면 역시 이것입니다. 핸드메이드 신발은 보기에도 깔끔하고 질이 좋지만, 가장 큰 매력은 다른 곳에 있습니다.

지금은 제조 기술도 진보된 터라 기계 생산이라 해도 깔끔하고, 또 나름대로 질 좋은 신발이 많습니다.

하지만 기계로 생산한 신발은 오래가지 못합니다. 수선한다고 해도 뒤축 정도 수선할 수 있겠지요. 그래서 구두창 전체가 다 닳아버리거나 스티치가 터졌을 때, 혹은 발부리 부분이 벌어졌을 때에는 아무리 애착이 가는 구두라 해도 처분하는 수밖에 없습니다.

'나에게 딱 맞는 구두를 찾는다'는 것은 상당히 어려운 문제이기도 합니다. 그런 인생 구두를 만나게 되는 일은 그리 간단하지가 않으니까요. 그래서 이미 발이 적응되

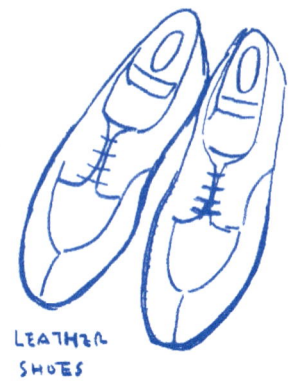

LEATHER
SHOES

핸드메이드 제품을
오래도록 아끼며 신는다.

어 편해진 신발을 사소한 문제로 처분해야 한다면 참으로 안타까울 수밖에 없습니다.

그런데 핸드메이드 신발은 무슨 일이 있어도 수선이 가능하다는 게 매력입니다. 하나하나 모든 공정이 손으로 이루어진 것이라면 대부분의 문제를 해결할 수 있기 때문이지요.

자신에게 딱 맞는 핸드메이드 신발을 고르는 것, 정성스레 손질하며 이따금 수선을 맡기기도 하는 등 오랫동안 소중하게 여기며 신을 수 있습니다. 이런 식이라면 무책임하게 신발을 선택하지는 않을 것입니다. 또한 짧은 주기로 지나가버리는 유행 제품에 집착하는 버릇도 분명 자연히 개선되겠지요.

옷이나 패션 전반은 신발을 중심으로 생각해도 무방합니다. 좋은 신발을 신고 있으면 자신감이 생기니까요.

신발은 또한 '걸어간다'고 하는, 삶의 기본과 깊이 연관되어 있습니다. 아무리 보기에 좋아도 발이 불편하면 여러 의미에서 핸디캡이 될 수밖에 없습니다. 신발 선택을 제대로 하면 자신에게 어울리고 분수에 맞는 것을 선택하는 지침도 되겠지요. 우선 가격도 착화감도 자신에게 딱 맞는 신발을 선택한 다음 '이 신발에 어울릴까?' 하는 관점으로 옷을 고른다는 것입니다.

내 신발은 지극히 평범한 스트레이트 팁구두 앞끝에 갑피를 이은 일직선의 이음매가 옆으로 장식된 구두-옮긴이으로 가장 심플한 끈 신발입니다. 강하게 어필하지 않는 디자인이라서 오래 신고 있어도 질리는 일은 없습니다.

검은색과 갈색, 같은 모양에 색상만 다를 뿐이어서 대부분의 옷에도 잘 어울립니다.

혹시 둘 중 한 가지 색만 선택한다면 검은색을 추천합니다. 갈색은 의외로 캐주얼해서 격식을 차려야 하는 자리에는 신기가 어렵기 때문입니다.

스니커즈와 레인 부츠도 갖고 있지만, 꼭 필요할 때만 신습니다.

비가 많이 내리는 날 레인 부츠가 있으면 안심이 되긴 하지만, 걷기 위해 만들어진 신발이 아니어서 피로합니다. 스니커즈는 어디든 어울릴 것 같은 아이템처럼 보이지만 균형을 맞추는 것이 생각보다 어려워서 가끔 신습니다. 일할 때뿐만 아니라 캐주얼한 복장을 입을 때도 가죽 신발을 맞추어 신고 있지요.

분수에 맞는 신발 선택의 기준이 되는 것이 바로 재킷입니다. 자신이 평소 즐겨 입는 재킷의 가격과 비슷한 신발을 구매하는 것이 적당한 것 같습니다.

코드

'따뜻한 코트 한 벌이면 겨울을 이겨낼 수 있다.'

나는 정말로 그렇게 생각합니다.

5년 전 추운 겨울에 만났을 때 입었던 코트를 올겨울에도 입고 있는 사람.

그런 사람이 있다면 아주 좋은 인상을 줍니다. 대단하다 싶습니다. 물건을 소중히 여기고 있구나, 하는 느낌을 갖게 되지요. 왠지 모르게 기쁘기도 하고요.

셔츠건 스웨터건 코트건, '내가 한번 좋아하게 된 것'이 그리 쉽게 바뀌지 않는다는 건 멋진 일 아닌가요?

허나 물건에는 수명이 있습니다. 더러워지거나 닳아져서 '정말 좋아하지만 더는 입을 수 없겠구나' 하는 때가 반드시 찾아옵니다. 그럴 때 나는 완전히 똑같은 모양, 똑같은 색상의 물건을 똑같은 가게에서 다시 한 번 구입합니다.

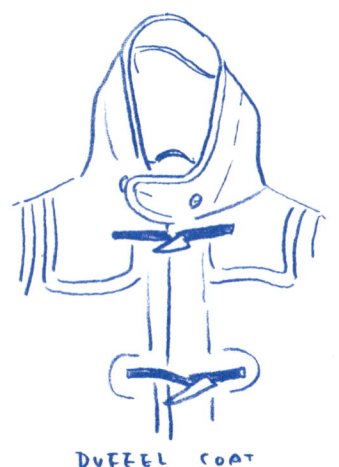

DUFFEL COAT

취향에 맞는 코트 세 벌이면 충분하다.

고전적인 디자인의 좋은 점은 빠르게 흘러가버리는 유행 속에서도 변하지 않는 나만의 것을 유지할 수 있다는 것에 있습니다.

내가 갖고 있는 것은 더블 코트와 울 코트, 그리고 레인 코트입니다. 이 세 벌로 코트는 충분하다고 생각합니다. 낡아서 입지 못하게 되면 분명 또 같은 제품을 사겠지요. 이런 자세를 고수하는 이유는 옷의 변화를 고민하는 것이 내가 생각하는 의복의 관점에 맞지 않기 때문입니다.

'오늘 뭘 입고 나가지?'
매일 아침 입고 나갈 옷에 대해서 생각하고 고민하는 일이 내게는 그다지 즐거운 일이 아닙니다. 더러 부담이 될 때도 있습니다.

그래서 누구를 만날 때 어떤 옷을 입고 가야 좋을지 사전에 정해놓아야 마음이 편합니다. 비가 내리는 날이나 계절이 바뀌었을 때, '오늘 입을 옷'을 순조롭게 고를 수 있어야 마음이 안정됩니다. 다만 이는 나의 경우로, 모두 똑같은 규칙을 적용하면 쓸쓸하고 따분할지도 모르겠습니다.

레인코트

공기가 습하고 햇빛이 들지 않는 비 오는 날에는 꽃을 삽니다. 아주 작은 꽃이어도 방 안에 생물이 있으면 그것만으로도 분위기가 밝아집니다.

그렇다고 비 오는 날에 고운 색의 옷을 입고 외출하거나 선명한 우산을 쓰느냐 하면, 그런 일은 없습니다.

내 레인 코트는 베이지색으로, 형사 콜롬보가 입을 법한 전통적인 수티앵 칼라―단추를 풀면 오픈 칼라가 되고 잠그면 세운 칼라가 되는 특징을 가진 칼라―옮긴이입니다. 세찬 비가 내리는 날에 신는 레인 부츠도 설명이 필요 없을 정도로 평범한 것입니다.

우산은 손목시계와 비슷한 기준으로 선택합니다. 품질이 확실한 수제품이나 아예 비닐우산으로 선택하지요. 이런 식의 양극단적인 선택을 하거나, 차라리 우산을 쓰지 않고 걷는 것이 좋다고 생각합니다.

SOUTIEN COLLAR COAT

튼튼하고 수수한 것을 구매해
평생 입는다.

애용하고 있는 제품은 영국의 브리그BRIGG 우산입니다. 실제 지팡이는 아니지만 접어서 들고 걸어 다니기에 좋습니다. 심플하고 고전적인 차림을 하고 있으니, 우산도 그에 맞춘 고전적인 것으로 들어야 전체적인 균형이 맞겠지요.

그렇지만 정말로 중요하게 여기는 생각은 좋은 제품이 얼마나 수수한가 하는 것입니다.

1750년부터 마구와 가죽 상품을 만들고 있는 스웨인 애드니 브리그SWAINE ADENEY BRIGG의 우산은 과연 역사 깊은 명가의 '우산다운 우산'입니다.

비가 자주 오는, 핸드메이드에 관해서는 전통 있는 영국 제품이니까. 영국 왕실을 위해 100년 이상이나 만들어지고 있는 우산이니까. 내가 '우산다운 우산'이라고 하는 것은 이런 이유 때문이 아닙니다.

어린 시절부터 모든 사람이 알고 있을 만한 우산, 별로 특별할 것도 없는 기본 디자인을 고수해오고 있는 튼튼한 우산이 바로 브리그의 '우산다운 우산'입니다.

통통통통. 정교한 기술로 팽팽해진 질 좋은 실크에 닿는 빗소리가 작은북처럼 울리면 가슴이 설렙니다. 그렇게 아름다운 빗소리를 들으며 걷다 보면 우중충한 날씨인데도 기분이 밝아집니다.

프롤로그

"집에 돌아가면 옷을 두 번 갈아입어요."

아는 여성으로부터 이 말을 들었을 때 나는 깜짝 놀랐습니다.

귀가하자마자 곧바로 실내복으로 갈아입고 편히 쉬다가, 목욕 후 잠들기 전에 파자마로 갈아입는다고 그녀는 말했습니다.

더구나 실내복에도 '남에게 보이면 절대로 곤란한 실내복'과 '약간 세련되고 코디에 따라 편의점 정도는 갈 수 있는 실내복' 등 두 종류가 있다고 하더군요.

여성에게는 별로 새롭지 않은 이야기일지도 모르지만, '실내복을 갖고 있는 남자'가 대체 얼마나 될까요?

정장을 입고 일하는 경우에는 편히 쉬기 위한 트레이닝복 종류는 있을지도 모르겠으나, 집에 돌아와 트레이닝복을 입었다면 잠잘 때도 그 차림 그대로죠. 이 경우의 트레이닝복은 실내복이라기보다는 파자마 대용이라고 해야 할 것입니다.

혹은 나처럼 외출복이 비교적 캐주얼하면 집에 돌아와서도 그 복장 그대로 있다가 잠자기 전에 파자마로 갈아입는 스타일일지도 모르고요.

옷이라고 하면 외출복이나 파자마로 양자택일하는, '실내복'과는 인연이 없는 사람이라면 파자마에 살짝 사치를 부려보는 건 어떨까요?

기껏해야 파자마라고 생각할 수도 있겠지만 색상과 소재에 따라 상하 한 벌이면 가격이 제법 나갑니다.

'어차피 누구한테 보일 것도 아닌데, 아무거나 입으면 어때'라고 생각할 수도 있습니다. 티셔츠나 속옷 차림으로 자도 아무렇지 않다는 사람도 있을 테니까요. 이렇듯 각자 느끼는 편안한 잠자리는 저마다 다릅니다.

그렇지만 하루 중 잠들어 있는 시간은 상당한 비율을 차지합니다.

한 달, 1년, 일생이라는 기간으로 생각하면 방대한 시

편안한 잠자리를 원한
차는 사기리.

간이죠. 질 좋은 파자마를 입고 편안한 잠자리를 맛보는 일은 그렇게 나쁘지 않은, 아주 작은 사치가 아닐까요?

질 좋은 파자마 차림의 편안한 잠자리, 한 번은 시도해 볼 만한 가치가 충분히 있는 것 같습니다.

가능하면 언제나 항상 빈손으로 있고 싶다.

꼭 필요한 것만 지니고 홀가분하게 지내고 싶다.

소지품에 관해 생각하면 이런 모습이 이상적이다 싶습니다.

그래서 나는 기본적으로 쉬는 날에는 가방 없이 생활합니다. 재킷 주머니에 손수건과 휴대전화만 넣고 다닙니다. 지갑을 가지고 다닐 때도 있지만, 주머니에 카드 한 장만 쏙 넣어두면 대부분의 경우에는 충분하지요.

업무 도구도 최소한입니다. 이것저것 서류나 필기도구는 가능한 한 들고 다니지 않고 집이나 사무실 책상에 넣어두면 해결되게끔 마련해놓고 있습니다.

일할 때는 펜 케이스, 수첩 등 아주 기본적인 업무 도구만 들고 다니지요. 혹은 핸드크림이나 아로마 오일, 두통약 등을 정리한 소도구함 정도를 들고 다니고요.

메인 업무 가방으로는 토트백 같은 바구니를 사용하고 있습니다. 이외에도 가죽 브리프케이스며 선물받은 명품 손가방 등을 몇 개 갖고 있지만, '이거다!' 싶은 가방은 딱히 없습니다.

'기본은 빈손이고 가방은 그 다음.'

이런 생각이 강해서일지도 모릅니다. 그래도 가방 선택의 기본인 '신발 색과 맞춘다'는 규칙은 꼭 지키려고 합니다.

무엇보다 남자가 빈손으로 있으려는 데에는 이유가 있습니다. 가지고 다니는 짐이 적고 옷에 주머니가 많이 달려 있기 때문입니다.

여성의 경우 쉬는 날이라 해도 가방 없이 외출하는 사람은 거의 없는 것 같습니다. 주머니 없는 옷을 주로 입는다는 물리적인 이유도 있겠으나, 주머니 투성이인 재킷을 입고 있어도 빈손인 여성은 거의 안 보입니다. 가방과 신발도 스타일링의 일부여서겠죠.

TOTE BAG

기본은 빈손, 가방은 그 다음.

어떤 가방이든 취향의 문제라고는 생각하지만, 깔끔하게 손질해서 좋은 것을 오래 사용하는 사람은 멋있습니다. 만날 때마다 다른 가방을 들고 있는 사람은 멋쟁이겠지만, 글쎄요, 나는 잘 모르겠습니다. 캐주얼한 옷차림에 호화로운 브랜드도 이상하고, 아주 좋은 옷차림에 싸구려 가방을 들고 있는 사람도 어쩐지 이상한 느낌이 드니까요.

가방과 신발은 '아, 이 사람은 이런 것을 선택했구나. 이런 감각을 가지고 있구나' 하고 남들에게 보여주는 포인트로 이해하면 되겠지요.

계절에 따른 브랜드 신작, 그해의 유행 등 여성 가방이나 신발에 대한 정보는 차고 넘칠 정도로 많습니다.

그러나 기본을 잘 갖춘 질 좋은 물건에 대한 감각을 기르고 싶은 경우에는 황실 사람들을 주목하면 새롭게 발견할 수 있을 것입니다.

황실의 복장은 일반 사람들에게는 특수해서 패션 잡지

에 실려 있을 만한 '멋'과는 차이가 있습니다. 하지만 가방과 신발에 관해 말하자면 정말로 보편적이면서 좋은 것을 걸치고 있습니다. 특별한 브랜드가 아닌 국산품이 대부분이라 생각하는데, 참으로 품위 있습니다.

일본 황실의 여성들이 드는 작은 핸드백의 아름다운 스티치나 고전적인 펌프스의 아름다운 힐의 자태는 바라보는 것만으로도 분명 색다른 공부가 될 것입니다.

스웨터

캐시미어 스웨터를 입으면 보드라운 감촉이 자연스레 스미는 기분이 듭니다.

니트의 부드러움을 강조하고 싶으면 너무 옷을 껴입지 않으면 됩니다. 아무리 추운 겨울이라도 옷을 많이 껴입어 부해 보이지 않는 차림이 깔끔해 보이지요.

니트의 장점을 최대한 살리고 싶다면 스포티한 것은 선택하지 않는 것이 좋습니다.

"트레이닝용 스웨터 같은 건 갖고 있지 않다."고 말하는 사람이 있을지도 모르지만, 내가 말하는 스포티함이란 기능이 아닌 인상입니다.

로고가 들어 있거나 무늬나 꽈배기 같은 모양이 있으면 설령 니트라도 부드러운 느낌보다는 캐주얼한 티셔츠를 입은 듯한 느낌이 납니다.

어디까지나 니트는 '소재를 입는 것'이어서 장식도 디

모래를 잃고 중요 한 것을 얻었다.
그것이 아니라

자인도 필요 없습니다. 색상의 변화는 무한하지만 눈에 띄지 않는 기본적인 색이 안정감 있습니다.

내가 기본으로 가지고 있는 스웨터는 그레이와 네이비와 브라운인데, 이 세 가지 색을 갖춰놓으면 어느 하의든 편안하게 맞춰 입을 수 있습니다.

스웨터에서 고집해야 할 것은 뭐니 뭐니 해도 소재가 아닐까요? 그렇다고 캐시미어만 고집하거나 고급품만을 찾는 것은 사양합니다. 세상에는 질 좋은 울도 많으니까요.

니트는 맨살에 입는 옷이라고 생각하기에 형태는 라운드넥이나 터틀넥을 주로 입고 있습니다. 특히 마음에 드는 건 터틀넥입니다. 목 부분을 단정하게 감싸주어 깔끔해 보이기 때문이지요. 남녀를 불문하고 터틀넥은 조금 딱딱한 직장에서도 통용되는 데다가 추운 겨울날을 아주 따뜻하게 보낼 수 있습니다.

제일 눈에 띄는 액세서리인 안경.

사람에 따라서는 없어서는 안 될 필수품이지만 안경에는 패션적인 요소도 있습니다. 유행에 따라 시력이 좋은 데도 쓰고 있는 사람, 일상적으로 선글라스를 애용하고 있는 사람도 많습니다.

얼굴과 함께 인식될 수밖에 없는 안경에는 자연스레 그 사람의 개성이 드러납니다.

따라서 트렌디한 것도 좋지만, 가장 먼저 자신에게 어울리는 것을 선택해야 하겠지요. 생김새와 개성, 어떤 옷을 입고 있는지, 어떤 일을 하고 있는지 등, 전체적으로 살펴본 '자신'의 균형에 맞는 안경을 선택해 유행보다는 취향에 따라 쓰는 게 좋지 않을까요?

내 취향을 말하자면 디자인 요소가 많고 정교한 것은 질색입니다. 컬러풀하고 메탈이 곁들여져 있거나 체인이

GLASSES

타인에게 나를 보여주는
또 다른 얼굴.

달려 있는 안경은 처음부터 선택하지 않습니다. 지극히 평범한 눈에 띄지 않는 안경을 착용하고 있습니다.

원래 시력이 좋아 최근에야 가끔 원시용 안경을 쓰는 정도라서, 아니면 안경에 특별한 관심이 없어서 그런지도 모르겠습니다.

어떤 물건이든 무엇보다 중요한 것은 관리입니다. 눈에 띄는 물건인 만큼 청결하게 관리해야겠지요. 깔끔한 디자인의 프레임을 선택해 깨끗하게 닦고 씻으며 안경 렌즈의 손질도 게을리하지 않았으면 합니다.

'매일 반드시 같은 것을 사용한다.'

이것만큼 기분 좋은 일은 없다고 생각합니다.

항상 청결하고 사용감이 좋으며 남에게 주는 인상도 깔끔한 것, 이런 물건을 늘 몸에 지니고 다니면 일상의 리듬 또한 산뜻하게 흘러갑니다.

나에게는 그런 아이템이 흰 손수건입니다. 아이리시 리넨이나 씨아일랜드 코튼 소재의 손수건을 스무 장 정도 가지고 있습니다.

매일매일 다른 것을 사용해도 스무 장이나 있으니 그리 쉽게 바래지도 않습니다. 이니셜도, 특별한 가장자리 장식도 없습니다. 아무런 디자인도 장식되어 있지 않은 흰 손수건이어서, 마와 면의 소재 차이를 제외하면 전혀 구분이 안 갈 정도로 모두 똑같아 보입니다.

IRISH LINEN

매일 같은 것을
새롭게 사용하는 산뜻한 기분.

하지만 '어느 게 어느 것인지 모르는' 똑같은 것이 충분히 갖춰져 있는 상태가 쾌적합니다.

만약 내가 제각각의 체크나 색감 있는 손수건을 스무 장을 갖고 있다면 외출 준비를 할 때마다 '오늘은 어느 것으로 할까?' 하고 망설이는 시간이 발생했을 것입니다. 그렇다면 약간의 부담이 되었겠지요.

또한 '왜인지 모르겠으나 자신도 모르는 사이에 집에 있는' 선명한 색상의, 등산용 수건에 가까운 두건 같은 손수건을 대수롭지 않게 사용하는 건 위험합니다. 그날 마침 중요한 회의가 있어 남들 앞에서 땀을 닦아낼 때 민망스러운 경험을 할 수도 있기 때문입니다.

그렇기에 나는 늘 흰색 아이리시 리넨 혹은 씨아일랜드 코튼 손수건을 고수하고 있습니다. 저렴한 편은 아니지만 사용감은 여느 손수건보다 훨씬 좋습니다. 매일 사용하는 물건으로 충분히 고집해야 할 가치가 있는 물건인 셈이지요.

모자와 머플러, 장갑

최근 들어 순수하게 방한만을 목적으로 '모자, 머플러, 장갑'을 세트로 몸에 걸치는 사람은 많지 않은 것 같습니다. 코디의 액세서리로 소품을 선택한다면 몸에 많이 걸치지 않는 것이 좋겠지요. 예를 들면 '모자를 쓰면 머플러는 두르지 않는다'는 방식 말입니다.

나는 여름 말고는 모자를 쓰지 않으므로 자연스레 세트로 한꺼번에 걸치는 일은 없습니다.

여름 모자는 파나마모자파나마 풀잎을 가늘게 찢은 끈으로 짜 만든 고급 모자-옮긴이를 쓰곤 하는데, 오래전에 런던의 락앤코Lock&Co라는 모자 가게에서 주문한 맞춤 제품입니다.

사람의 머리 모양은 제각각이라서 단순히 '머리 크기'로 구매하기보다는 꼼꼼하게 치수를 재서 마련해야 썼을 때 정갈해 보입니다. 어울리는 모자를 찾고 싶다면 사이즈가 딱 맞는 것을 주문하는 것이 가장 좋은 방법이 아닐까요?

PANAMA HAT

함께 걸쳐도 어색하지 않은
조화를 찾는다.

요즈음에는 사계절 다양한 패션을 즐기는 사람들이 많아졌습니다. 그래서인지 '주문한 모자를 쓰는' 멋쟁이들이 좀 더 늘어난 것 같기도 합니다. 모자뿐 아니라 계절에 따라 다양한 소재와 색상의 머플러를 활용하면 멋진 포인트가 되어주기도 하지요.

하지만 내 경우에는 정반대로 머플러는 니트와 같은 색을 선택하고 있습니다. 울 스웨터를 입으면 울 머플러, 캐시미어를 입으면 캐시미어 소재로 맞추고 있지요.

장갑은 털실로 짠 캐주얼한 것을 갖고 있는데, 조금 점잖은 가죽장갑을 끼는 날엔 신발에 색을 맞춥니다.

분명 포인트인 '세 세트'도 옷차림 전체에 융화될 수 있는 조화를 지향합니다. 조금 따분할지도 모르지만 안정감 있고 마음 편안한 방식이니까요.

산책하는 영혼들

다이아몬드가 박혀 있는 시계가 비싼 이유는 누구나 알고 있습니다.

손이 많이 간 디자인, 호화로운 장식으로 이루어진 브랜드 제품은 깜짝 놀랄 만한 가격임에도 '과연' 하면서 고개를 끄덕이는 사람이 많지요.

하지만 평범한 흰 손수건 가격이 3,000엔이라고 하면 '손수건이 왜 이렇게 비싸지?'라는 생각이 들 겁니다. 나역시 마찬가지입니다.

단 한 가지, 나의 다른 점은 '왜 이렇게 비싸지?'라고 생각했을 때, 더 싸고 좋은 손수건도 얼마든지 있다며 등을 돌리지 않는다는 것입니다.

'수수하고 심플하지만 누구나가 마음에 담아둘 만한 디자인이 아닌 것 같은데 가격이 좀 나가는군. 그 이유를 알고 싶다.'

나는 이런 식으로 생각하며 흥미를 갖습니다.

실제 그 물건을 손에 넣어 사용하면서 새로운 발견을 하기도 합니다.

예를 들자면, 아이리시 리넨 손수건이 있습니다.

여느 손수건과 완전히 다른 감촉은 직접 사용해보지 않으면 절대 알 수 없습니다.

한동안 계속 사용하면서 아무리 빨아도 원형이 변형되지 않는다는 것도 알게 되었습니다. 흡입력이 뛰어나고 금방 마르는 마의 특성도 돋보였습니다. 오랜 시간 사용해도 비틀어지지 않고 항상 빳빳하니 각이 뾰족한, 깔끔한 사각을 유지할 수 있다는 것도 장점이었고요.

질 좋은 핸드메이드 신발도 예로 들 수 있습니다.

수중에 넣자마자 착화감이 좋아 놀랍니다. 오래 신을수록 좋은 신발이 전신에 주는 영향을 깨닫게 되고, 피로도가 현격히 다르다는 것을 알게 되지요.

손상되어도 제대로 수선하면 원래대로 돌아온다는 믿음직함에, '오래도록 함께할 수 있는 신발과의 만남'이라는 새로운 발견도 하고요.

직접 사용해보며 좋은 물건이라고 느껴지면 더더욱 그 물건을 만든 브랜드에 대해 알고 싶어집니다. 그런 브랜드는 대부분 오랜 시간에 걸쳐 질 좋은 것을 만들어오고 있으며, 오래전부터 사람들의 생활 속에 어우러져 역사를 만들어왔다는 것을 알게 되지요.

그러면 또다시 새로운 흥미가 생깁니다.

'질 좋은 물건을 변함없이 만드는 자세를 어떻게 유지해왔을까? 오랜 시간 사람들에게 계속해서 사랑받는 이유는 무엇일까?'

어쩌면 이것이 '고전적인 것을 배운다'는 의미일지도 모르겠습니다.

결국 자신의 몸에 걸치는 것을 고를 때의 내 기준은 이 두 가지입니다.

하나는 디자인이 아닌 품질을 기준으로 값이 매겨진 것입니다.

다른 하나는 오랜 시간 계속해서 만들어진 질 좋은 것

이고요.

이 두 가지 기준은 '알고 싶다, 배우고 싶다'는 탐구심을 불러일으키기도 합니다. 나는 아주 큰 부자도 아닐뿐더러 원 없이 좋아하는 것을 살 수 있을 만한 능력도 없습니다. 특별히 사치를 좋아하지도 않고요.

패스트 패션이 인기를 얻으며 유행에 따른 값싼 물건을 즐기는 사람이 많습니다. 이런 소비 패턴이 나쁘지는 않지만, 아쉬운 마음이 드는 것은 사실입니다.

쉽게 물건을 선택하고 또 다른 새로운 물건으로 대체하다 보면 진짜 좋은 것을 찾아내는 안목을 기를 수 있는 기회를 놓치기 때문이지요. 거기에 '물건 선택에 대한 성장이나 배움'은 없습니다.

나는 좋은 물건을 무리하지 않는 선에서 구매해 소중하게 사용하고 싶습니다. 그리고 마음에 들지만 너무 고급스러워서 살 수 없는 것은 '언젠가 살 수 있을 만한 내가 되면 좋겠다'는 동경으로 간직해두지요.

무리하지 않는 선에서
구매해 소중하게 사용한다.

현명한 소비를 위해서는 자신의 옷장과 쇼핑 사이클을 파악해두는 것이 좋습니다.

먼저 '셔츠 다섯 장, 니트 세 장, 팬츠 다섯 벌, 양말 열 족'과 같이 옷장의 수용력을 정하는 거지요.

다음은 '셔츠의 소맷부리가 닳으면 같은 것을 한 장 구매한다'는 방식으로 어떤 때에 무엇을 구매할지 쇼핑 계획을 사전에 정하는 겁니다.

그때 '1년에 한 번은 평소 즐겨 입지 않았던 옷을 사는 쇼핑을 즐긴다, 그렇게 구매한 제품을 입지 않을 경우 2년에 한 번 주기로 처분한다'는 계획도 세워놓는 거죠.

이렇게 하면 자신이 기분 좋게 살아가기 위해서는 무엇을 얼마만큼 소유하고, 어떤 것을 사야 좋은지를 파악할 수 있습니다. 그리고 늘 입는 것만 사야 한다는 강박에서도 벗어날 수 있지요. 무엇보다 물건이 넘쳐나는 생활에서 해방될 수 있습니다.

생활의 기본

나 자신에게 좋은 공간을 만들다

가족이라는 존재가 일이나 생활에 부담을 주어서는 안 된다고 생각합니다.

'가족이니까 함께 있는 게 당연하다.'

'그 정도 일은 가족이라면 당연히 이해해줄 거다.'

'가족이니까 해주는 게 당연하다.'

특별히 의식하지 않아도 이런 식으로 생각하고 있는 사람이 많을 겁니다. 그만큼 가족의 유대, 눈에 보이지 않는 관계성이 강하다는 말입니다.

가족이라는 존재는 큰 의지가 됩니다.

하지만 그렇기 때문에 지나치게 어리광을 부리게 되기도 합니다.

함께 생활하고 있다는 편안함과 익숙함이 뒤섞이면 우리는 어느새 가족을 존경하는 마음을 잊게 되지요. 자신과 상대의 경계선이 약해지는 것은 친숙함으로 인한 기쁨을 주지만, 꼭 좋은 것만은 아닙니다.

만약 당신 가족들이 '해주는 게 당연하다'는 태도로 매일 당신에게 기대어 버릇없이 굴고 의존하면 어떨까요? 아마 그 관계는 점차 부담이 될 것입니다.

'아내니까 당연히 식사 준비와 빨래를 해줘야 한다.'

'남편이니까 당연히 나가서 돈 벌어 와야 한다.'

'자식이니까 당연히 부모가 하는 말을 따라야 한다.'

매일매일 가족이라는 이유 하나로 '당연한 요구'를 내밀면 누구나 지칠 수밖에 없습니다.

물론 가족이기에 부모 자식 간의 애정, 배우자로서의 애정이 있습니다. '좋아하니까 해주고 싶다'는 마음으로 자신이 먼저 챙겨주는 경우도 많습니다.

그러나 사람과 사람 사이에는 애정뿐만 아니라 존경의 마음도 중요합니다.

서로가 상대를 한 인간으로서 존중하며 자기 발로 제대로 설 수 있도록 도와주는 일은 때에 따라서는 사랑보다도 큰 배려가 필요합니다.

인생에서 마음이 가는 곳,
그곳이 길이다.

예를 들어 아이를 위해 뭐든 다 해줘서 '스스로는 아무 것도 못하는 사람'으로 만들어버리는 것은 애정이 아니라 아이의 성장을 방해하는 행위입니다.

부모는 아이를 낳으면 '자신이 모든 것을 해주어야 한다'는 압박감을 갖습니다. 그러나 성장 과정에서 '사사건건 말참견하고 지배하는' 부모라는 존재가 아이에게는 부담이 될 겁니다.

이런 관계는 비록 사랑으로 시작됐어도 양쪽 모두에게 불행합니다. 이는 부모와 자식 사이뿐만 아니라 배우자나 형제 사이에서도 마찬가지입니다.

좋고 싫고가 아닌, 가족 구성원을 하나의 인격체로 존중하는 것.

비록 혈연관계라도, 오랜 시간을 함께한 배우자라도, 아직 아이라도, 그 사람에게는 그 사람만의 세계가 있음을 인정하는 것.

아무리 사랑하고 사이가 가까워도 '침범해서는 안 되는 장소'가 서로에게 있음을 이해하는 것.

이런 것을 전제로 쌓아나가는 신뢰 관계야말로 가족의 버팀목이 된다고 나는 믿고 있습니다.

일이건 친구 관계건 외부 세계에서는 옆에서 묵묵히 자신을 도와주는 '엄마'의 역할을 해주는 사람은 없습니다. 따라서 아주 가까운 존재인 가족이라는 관계에 대해서도 최소 단위의 '사회'라고 생각해보면 어떨까요?

가족도 작은 사회라고 생각하면 '가족이니까 당연히 해줄 거야'라는 안이함을 없앨 수 있습니다. 상대를 '개인'으로서 존중하면 가족일지라도 상대가 무언가를 해줬을 때 감사의 마음을 잊지 않게 됩니다.

가족 간의 '존경심을 잊지 않는 규칙'을 만들면 사회생활을 위해서도 좋은 훈련이 되겠죠. 가족 간의 규칙이라는 말이 너무 딱딱하게 들려서 약간 거부감을 느끼는 사람도 있을지 모르겠습니다.

회사도 아니고 규칙이 있으면 남처럼 서먹해진다고 생각하는 사람도 있을 테고요.

하지만 같은 집에 살고 있는 가족이라 해도 늘 함께 있는 것은 아닙니다.

대부분의 가정에서는 엄마가 소통의 중심이 됩니다. 엄마와 아이, 엄마와 아빠의 패턴으로 '함께 있는 시간'은 있어도 전원이 모여 터놓고 소통을 취하는 일은 별로 없는 셈이지요.

나는 아내와 딸을 두고 있는데, 딸이 성장한 지금 가족이 함께 있는 시간을 무리하게 늘리는 일이 어렵다는 걸 깨달았습니다. 그래서 더더욱 규칙이 필요하다고 생각하지요.

'항상 함께이고 매일 얼굴을 마주하고 있으니, 서로에 대해 충분히 알고 있다.'

이런 환상은 과감히 버리면 어떨까요?

'비록 얼굴을 마주하는 시간은 적어도 서로를 사랑하고 존경하며 신뢰 관계를 함께 쌓아나가자.'

이처럼 가족에 대한 의식을 바꾸면 규칙이 얼마나 도

움이 되는지 알 수 있습니다.

우리 집의 가장 중요한 가족 규칙은 인사입니다.

'아무리 피곤해도, 아무리 상황이 안 좋아도, 기분 나쁜 일이 있어 짜증이 나도, 무슨 일이 있어도 인사만은 제대로 하자.'

인사는 생활과 마음을 조절해주는 멋진 것인데도, '가족이니까'라는 당연함으로 잊어버릴 때가 많습니다.

'내가 당하기 싫은 일은 절대로 상대에게도 하지 않는다. 내 일은 내가 한다.'

두 번째 규칙은 이것입니다. 상대를 배려함과 동시에 가족 중 누군가가 항상 큰 부담을 지게 되거나 인내해야 하는 상황을 만들지 않습니다.

'가족을 위해 참는다'는 생각을 일종의 미학처럼 말하는 사람도 있습니다. 하지만 한 사람이 희생하여 전체가 행복해진다니, 가족이건 회사건 있을 수 없는 이야기 아닐까요?

타인까지 행복하게 만드는 방법은 먼저 내가 행복해지는 것입니다. 가족 한 사람 한 사람이 '개인'으로 행복해야 결과적으로 가족 모두가 행복해진다고 생각합니다.

개인 공간

아침이건 낮이건 밤이건 똑같습니다.

집에서 커피를 마시고 싶으면 직접 끓입니다.

세탁기를 작동시키고 세탁물을 넣는 것은 아내가 하지만, 나와 딸도 각각 세탁물이 있으면 직접 정리합니다. 주머니 속을 확인하고 세탁기에 똑바로 넣지 않으면 깔끔하게 세탁한 셔츠를 입을 수 없기 때문입니다.

청소는 '이것에 관해서는 내가 하겠습니다'라는 식으로 나서서 분담하고 있습니다. 주방은 아내에게 맡기지만, 욕실은 내 몫입니다.

규칙을 정하지 않으면 계속 집에 있는 사람에게 집안일을 떠넘기게 됩니다. 누군가 한 사람의 부담이 되지 않도록 주의하지 않으면 불공평해지지요.

아내와 딸과 나, 우리 세 사람은 각각 개인 공간을 갖고 있습니다.

모든 방에 똑같이 주문한 천연섬유로 된 커튼이 걸려 있고 각자 침대가 있습니다. 책을 읽거나 사색하는 곳도 자신의 방입니다.

문은 잠겨 있지 않으나 서로의 방에 들어가거나 간섭하는 일은 없습니다. 집에서 유일한 남자이기도 해서 나는 아내나 딸의 방에는 거의 들어간 적이 없습니다. 서로의 방이 어떻게 되어 있는지 잘 모를 정도이지요.

책이나 옷, 사소한 소지품, 공유하지 않는 '개인 소유물'은 모두 자신의 방에 둡니다.

예를 들어 신발을 많이 갖고 있어서 함께 쓰는 신발장에 '배정된 자신의 공간'에 넣을 수 없으면 개인 공간의 옷장에 넣어둡니다.

이런 방식으로 '개인 공간'과 '세 사람의 공유 공간'을 선명하게 나누고 있지요. 각자가 개인의 세계를 가지면서 공동생활을 한다, 이것이 우리 가족의 이상적인 모습입니다.

"뭐든 각자 알아서 하고 공유 공간과 개인 공간이 나눠져 있으니, 너의 집은 마치 셰어하우스 같아."

우리 집에 놀러 온 사람들은 이런 말들을 합니다. 또 자신의 일은 본인 스스로 하는 것이 규칙이어서 식사 후에 자동적으로 식기가 치워지는 일은 없습니다.

그렇다고 해서 차갑고 데면데면한 관계냐? 그건 아닙니다. 자신을 소중히 여겨야 가족도 소중히 여긴다, 나는 그렇게 믿고 있습니다. 가족이 모여 많은 이야기를 나누거나 함께 무언가를 하기 위해서는 '오롯이 혼자가 될 수 있는 장소'를 확보하는 일이 중요하다고 생각합니다.

누구에게나 '자신만의 피난처'가 필요합니다.

아이라 해도 마찬가지입니다. 이는 딸의 모습을 보고 있으면 잘 알 수 있지요.

아직 중학생인 딸도 외부 세계에 나가면 친구나 선생님 등 다양한 사람들과 관계를 맺습니다. 그런 상황 속에서 온전한 '개인'인 나로 있기가 좀처럼 힘들지요. 학생으

SOFA

누구에게나
자신만의 피난처가 필요하다.

로서의 나, 친구로서의 나로 행동하게 되죠.

집에 돌아와도 가족이 있으면 마찬가지입니다.

가족 속의 나, 딸로서의 나로서 보내게 됩니다. 그런 모습들이 나라는 '개인'과 100퍼센트 합치하고 있는가 하면, 조금 다르다는 기분이 듭니다.

성인일 경우에는 역할이 훨씬 많아지죠.

친구와 있는 나, 일을 하고 있는 나, 이웃과 어울리고 있는 나, 아빠인 나, 남편인 나, 엄마인 나, 아내인 나, 부모 앞에서는 자식인 나가 되겠죠.

설령 좋은 관계라 해도, 서로 신뢰하고 있어도, 그런 '관계 속의 나'에서 벗어나 '온전히 혼자인 나'로 있는 시간과 공간이 없으면, 사람으로 넘쳐대는 숲속에서 꾸미지 않은 그대로의 나는 미아가 돼버릴 겁니다.

하지만 혼자가 될 수 있는 피난처가 있으면 스스로에 대해 차분히 생각할 수 있습니다. 자신에 대해 생각하다

보면 자신을 둘러싼 세계까지 자연스럽게 생각을 확장하게 됩니다.

이런 혼자만의 시간, 사색의 시간을 통해 비로소 가족의 소중함을 깨닫고 진정한 유대감을 가질 수 있게 되는 것이 아닐까요?

적어도 우리 집의 경우에는 각자의 공간을 확보하고 있기 때문에 "모이자!" 하고 일부러 누군가가 말하지 않아도 자연스레 거실에서 함께 보내는 시간을 유지하고 있습니다.

가족 구성이나 방 배치, 가정에 따른 사정은 가지각색일 테니 개인 공간이 어려우면 베란다나 욕실이어도 괜찮다고 생각합니다.

'이곳은 나의 장소, 이곳에 오면 혼자가 될 수 있다. 개인으로 있을 수 있다.'

그런 개인 공간을 가족과 자신을 위해 만들어보면 어떨까요?

거실의 규칙

아무것도 없는 호텔 같은 방이 이상적이라고는 생각하지 않습니다.

그렇지만 생활의 느낌이 지나치게 드는 집은 버겁습니다. 안락하게 쉬는 사적인 장소라도 약간의 긴장감은 있어야 그 안에서 내실 있는 삶을 영위해 나갈 수 있지 않을까 생각합니다.

거실은 흰색과 나무색 두 가지로 전반적인 분위기를 맞추었습니다. 창에는 우드 블라인드를 달아놓았고, 졸참나무로 만든 다이닝 테이블이 가장 큰 공간을 차지하고 있습니다.

그 옆에 역시 비슷한 나무로 만든 식기 선반을 놓았습니다. 조화가 중요하므로 테이블을 사온 가게에서 함께 구입했습니다.

여닫이문과 서랍을 짜맞춘 식기 선반인데, 높지 않아서 위에 물건을 올려놓을 수 있는 찬장 같은 디자인입니다.

마음에 드는 식기를 엄선해 최소한으로 다섯 세트 구매가 원칙이라 큰 식기 선반은 필요 없습니다.

거실에는 아주 심플한 소파도 놓았습니다.

'가족이 셋이니 세 사람 앉을 정도면 된다'고 생각할 수도 있겠죠. 하지만 세 사람 이상 앉을 만한 공간의 여유가 있으면 확실히 편안합니다.

다이닝 테이블과 의자, 텔레비전 받침대도 겸한 식기 선반, 소파와 작은 커피 테이블, 나머지는 그저 흰 벽뿐인 거실입니다. 고양이가 있어서 가능한 한 물건을 너저분하게 늘어놓지 않고 있습니다.

각자의 책은 각자의 방에 두기 때문에 거실에 책장은 없습니다.

작은 공기청정기가 있는데, 가구의 사각지대 부분으로 살짝 치워놨습니다. 딸의 게임기나 전자제품의 경우, 사용하지 않을 때에는 치우도록 하고 있습니다. 거실에는 가족 모두가 함께 쓰는 컴퓨터가 있는데, 자신의 방에 들고 가서도 사용할 수 있습니다. 소파에 앉았을 때 무릎 위에 펼칠 수 있는 작은 노트북이라 자리를 차지하지 않습니다.

세상은 물건들로 넘쳐나고 있습니다. 따라서 조금만 방심하면 조화를 깨트릴 만한 물건들로 가득 차 버립니다. 생활 속에 여분의 물건이 늘어나지 않도록 꼼꼼하게 주의하지 않으면 위험합니다.

그래서 추천하고 싶은 방법이 바로 '빼기'입니다.

예를 들어 우리 집 거실의 경우에 벽이 흰색이다 보니 자꾸 뭔가를 꾸미고 싶어지는데, 벽걸이 시계 하나, 작은 그림 한 장만 걸어두고 있습니다.

바닥이 마룻바닥이라 소파 공간이나 다이닝 테이블 공간에는 러그 종류를 깔고 싶지만 참고 있습니다. 별생각 없이 깔기 쉬운데요, 러그나 카펫을 조화롭게 배치하는 일은 정말로 어렵습니다. 어설프게 고를 바에야 아무것도 안 하는 게 낫다고 생각합니다.

가구와 소지품의 소재나 색을 맞추면 공간이 뒤죽박죽될 위험이 없습니다. 나무 가구라면 나무 소도구함, 금속 가구라면 금속 소도구함, 이렇게 말이지요. 그리고 같은 나무라도 짙은 갈색 나무냐 소나무 같은 밝은 목재냐에 따라 바뀝니다.

쓰레기통도 가구와 조화를 이루어야 합니다. 어두운 색의 나무 가구가 많은 우리 집은 등나무 바구니를 사용하고 있습니다.

나는 '쓰레기통을 늘리면 그만큼 쓰레기도 늘어난다'고 믿고 있어서 내 방에는 쓰레기통을 두지 않습니다. 거실과 화장실과 딸의 방. 우리 집 쓰레기통은 딱 이 세 곳에만 있습니다. 음식물 쓰레기나 페트병 종류는 주방 조리대에 내장된 쓰레기통에 넣습니다. 이런 작은 아이디어로도 충분히 공간 비우기가 가능합니다.

유일하게 많은 것이 조명 기구인데, 스탠드와 작은 라이트가 여러 개 있습니다. 집에 놀러온 딸의 친구들이 거실이 어둡다며 놀라는 경우도 있긴 하지만, 간접 조명을

물건을 늘리지 않고
공간의 조화를 파괴하지 않는다.

여러 개 켜두는 편이 마음을 편안하게 하고 안정되는 느낌을 줍니다.

거실은 가게나 사무실이 아니니, 방 구석구석까지 들여다볼 수 있을 만큼 밝지 않아도 괜찮지 않을까요?

물건을 늘리지 않고 공간의 조화를 파괴하지 않습니다. 전체적으로 봤을 때 조금 허전한 듯한 분위기가 딱 좋습니다. 특별한 물건으로 공간을 꾸미기보다는 매일 정성스레 청소하는 것이 가장 좋은 인테리어라고 생각합니다.

테이블과 의자

여러 나라를 여행하다 보면 대부분의 번화가에는 광장이 있다는 것을 알게 됩니다.

교회나 분수, 큰 시계탑처럼 대표가 될 만한 무언가가 광장을 알리는 표지 노릇을 해주지요. 유럽 구시가지의 좁다랗게 이어진 골목길을 홀로 걷다가 사람이 북적이는 확 트인 광장으로 나온 순간의 기분은 아직도 잊을 수 없습니다.

어떤 광장이건 그 거리의 사람들이 모여듭니다.

나는 다이닝 테이블이 집 안의 광장 역할을 했으면 좋겠습니다. 집 안에서 가족이 자연스레 모이는 장소 말이지요.

신문을 읽거나 숙제를 하거나 책을 읽으며 제각각 보내도 좋은, 함께 무언가를 하거나 이야기를 나눠도 괜찮은, 정말로 자유로운 광장 같은 테이블 말입니다.

우리 집 다이닝 테이블은 가로 폭이 190센티미터입니다. 식구 수는 세 명이지만, 여섯 명이 여유롭게 앉을 수 있을 정도의 크기입니다.

개인 공간을 확보하고 있기도 해서 다이닝 테이블은 유일하게 가족이 모이는 장소입니다.

언제든 가족과 함께 있고 싶을 때 찾을 수 있도록 가능한 한 쾌적하게 정리해놓고 있습니다.

항상 깨끗하게 치워놓고 너저분한 것을 두지 않습니다. 졸참나무 판자 한 장짜리라 오일이 벗겨지면 다시 칠을 해서 깔끔하게 손질하는 등 가족 모두가 소중하게 다루고 있습니다.

집 안에 놓이는 가구나 소지품은 애완동물처럼 가족의 일원이라 생각합니다.

특히 다이닝 테이블은 매일 가족 모두가 사용하는 것이기에 '이런 건 도저히 좋아질 것 같지 않다' 싶은 물건은 고르지 않는 게 좋겠지요.

가족이 함께 가구를 사러 가는 것이 우리 집의 오래된 전통입니다. 물론 좋아하는 가구는 각자의 취향에 따라 다릅니다. 마음이 정확히 일치하는 경우는 그리 많지 않지요.

나는 이것이 좋다, 나는 저것이 좋다, 하는 경우에는 어느 한쪽이 자신의 주장을 밀고 나가거나 어느 한쪽이 마지못해 뜻을 굽히는 게 아니라, 왜 이것이 좋은지, 어째서 저것이 좋은지 의견을 차분히 듣습니다. 그러면 '아, 그렇구나' 하고 납득할 수도 있습니다. 그러다 보면 가구 선택을 할 때도 가족끼리 충분히 이야기를 나눌 수가 있습니다.

테이블과 함께 의자도 고릅니다.

다이닝 테이블용으로 여섯 개, 딸과 내 방용으로 두 개의 똑같은 의자를 맞췄습니다. 테이블을 산 가게에서 구입했습니다.

의자는 신발과 마찬가지로, 제대로 된 것이 아니면 몸에 부담을 줍니다. 오래 앉아 있으면 피로해지는 의자가

CHAIR

DINING TABLE

매일 사용하는 물건에
돈을 들이는 것은 낭비가 아니다.

의외로 많아서 신경을 쓰는 게 좋겠지요.

테이블이건 의자건 '무조건 비싼 게 좋다'는 주의는 아니지만, 매일 사용하는 물건에 대해서는 허용 가능한 범위에서 최대한 투자하는 것이 좋다고 생각합니다.

나의 어린 시절을 떠올리면 '당시에는 알아차리지 못했지만 꽤 값싼 물건으로 생활했었구나'라는 생각을 합니다. 집에서 매일 사용하는 물건은 값싼 것을 선택하고, 내 몸에 걸치는 것에는 돈을 아끼지 않았던 시절이 있었습니다.

'20만 엔짜리 테이블은 생각할 수 없다'는 사람이 10만 엔짜리 브랜드 가방을 아무렇지 않게 들고 다니는 것은 아무리 생각해도 균형이 맞지 않습니다. 가방을 들고 외출하는 횟수는 1주일에 몇 번이지만, 테이블은 매일 사용하는 물건인데 말이지요.

매일의 생활을 풍요롭게 해주는 도구에 돈을 들이는 것은 결코 낭비가 아닙니다.

竹下电工

식기에만 한정된 이야기는 아닙니다.

집 안의 물건이나 인테리어와 관련해 항상 의식하고 있는 요소는 조화입니다.

예를 들어 저녁식사 때 테이블 위의 식기들이 제각각이어서 색도 디자인도 뒤죽박죽이라고 해봅시다. 이 상태로는 아무리 좋은 음식이 놓여 있어도 식욕을 돋우기 힘들 겁니다. 보기 좋은 음식이 맛도 좋아 보이는 법이니까요.

조화를 이룬 테이블 세팅을 생각하면 어떤 식기를 갖추어야 좋을지가 보입니다. 아무리 자신이 '이 디자인이 좋다'고 해도 가족 각자의 취향에 맞춘 여러 종류의 식기가 놓인다면, 전반적으로 우스꽝스러워 보일 겁니다.

그런 이유로 우리 집의 식기는 아주 심플합니다. 무늬나 그림이 그려진 물건이 거의 없고, 양식에도 일식에도 어울릴 만한, 장식이 없는 그릇이 대부분입니다.

식탁 위의 조화를 고려해
심플한 것을 선택한다.

딱히 장인이 물레를 돌려 만든 공예품일 필요는 없다는 생각이지만, 기본적으로 대량 생산이 아닌 제품을 구입해서 사용하려고 하는 편입니다.

누군가가 정성껏 만든 물건을 사용하다 보면 그 물건을 소중히 여기고 애정을 주게 됩니다. 신경 써서 손질도 하게 됩니다. 그렇게 하면 집 안에 온기가 감돌지요.

가족과 이야기를 나누고 집에서 편히 쉴 때의 주인공은 머그컵입니다.

집 안에서 받침이 딸린 찻잔을 쓰는 것은 약간 도를 지나친 느낌이 들어서 별로 사용하지 않습니다. 심플한 디자인의 머그컵을 여섯 잔 정도 갖추고 있으면, 손님이 왔을 때에도 접대용으로 사용할 수 있습니다.

머그컵은 매일 사용하는데다 혼자서 뭔가 마시고 싶을 때 허물없이 만날 수 있는 파트너이기도 합니다.

식기는 조화를 중요하게 여겨 동일한 것으로 준비하되, 세 가족의 '마이 머그컵'은 각자의 취향대로 다른 것을 사용하고 있습니다.

혼자일 때는 자신이 좋아하는 캐릭터가 그려진 컬러풀한 머그컵으로 차 한 잔 마실 수 있는 편안함도 필요하기 때문이죠.

בריאת האדם מעפר

대부분의 집에서는 밥을 먹을 때 '이건 아버지 밥그릇, 저건 어머니 밥그릇' 하면서 구분해 쓰고 있습니다. 그러나 카레라이스나 파스타를 먹을 때의 접시를 아버지 전용, 어머니 전용으로 구분 짓는 가정은 별로 없을 겁니다.

사고방식을 살짝 전환해, 집 안의 식기를 모두 포크나 스푼, 접시와 똑같다고 간주해보면 어떨까요?
같은 젓가락을 마련하고 깨끗하게 씻어서 가족 모두가 사용하는 겁니다. 그리고 밥그릇도 똑같은 것을 갖춰놓고 함께 사용하는 것이지요.

'특별한 젓가락과 밥그릇'이라는 생각을 내려놓으면, 테이블 위가 제법 산뜻해집니다. 통일된 젓가락이나 밥그릇이 놓여 있는 것만으로도 아무것도 아닌 평범한 저녁 식탁이 깔끔해 보입니다.
"어머, 잘못해서 아버지 밥그릇에 밥을 담았네."

TABLE
WARE

가족 수에 맞게 똑같은 것을 마련해
모두 같이 사용한다.

"내 젓가락, 어디 갔어?"

누가 어떤 밥그릇, 어떤 젓가락을 사용해도 상관없으므로 이런 대화도 필요 없습니다.

손님이 와도 문제없도록 같은 밥그릇과 젓가락을 다섯 세트 정도 마련합니다. 이것으로 식사의 기본은 만반의 준비를 갖춘 셈입니다.

아이는 작은 밥그릇, 성인은 큰 밥그릇이라는 것도 얽매일 필요가 없는 규칙이 아닐까요?

우리 집 밥그릇은 자그마한 사이즈로 통일했습니다. 아이는 한 그릇, 어른은 더 가져다 먹는 방식이라 같은 밥그릇이라 해도 괜찮습니다. 애초에 '한 번에 많이' 먹기보다는 작은 용기로 더 먹는 것을 좋아하는 내 취향도 반영한 결과입니다.

젓가락은 전나무 재질의 가볍고 튼튼한 것을 사용하고 있습니다.

앞에서 손질해 오래 사용하는 걸 좋아한다고 여러 번

말했는데, 젓가락은 예외입니다. 새해를 맞이하는 의식처럼 새 것으로 바꾸는 것이 연례행사가 되었습니다. 아무래도 직접 입에 닿는 물건이라 건강도 생각해야 되겠지요.

드리시오

오래전부터 변함없이 사용하고 있는 소박한 도구가 좋습니다.

도시락통은 어린 시절에 들고 다니던 것과 똑같은 알루미늄 제품입니다. 연한 갈색 알루미늄으로, 양옆에 쇠장식의 잠금장치가 달려 있습니다.

밀봉되는 통이 아니어서 비스듬히 놓으면 국물이 새어나와 결코 기능적이라고는 할 수 없습니다. 하지만 아무리 플라스틱이 편리해도 청결함이 느껴지는 건 역시 알루미늄입니다.

반찬은 알루미늄 도시락통에 넣어 기울지 않도록 조심스레 가져갑니다. 밥은 단연코 마게왓파曲げわっぱ. 아키타 현의 전통 공예품으로, 노송을 얇게 구부려 만든 원통형의 목재 용기-옮긴이에 담아야 한다는 입장입니다. 여분의 수분을 흡수해주므로 밥의 식감이 좋아져 끝내주게 맛있습니다.

옻칠한 타원형 도시락통도 가지고 있는데, 아주 깔끔

LUNCH BOX

옛날 그대로의
소박한 도구가 지닌 매력.

한 게 마음에 듭니다. 국물도 담을 수 있고, 반들반들한 옻칠이 격식 차린 느낌도 주지요.

요즘은 도시락통을 들고 나갈 기회가 줄어들었지만, 모든 도시락통을 소중하게 챙겨놓고 있습니다.

편리함만을 추구하다 보면 주방도구라는 것은 끝도 없이 늘어납니다. 하지만 옛날 그대로의 소박한 도구로 정성스레 꾸려나가겠다고 마음먹는다면 무모하게 늘리지는 않겠지요.

주방도구는 대체로 도쿄의 같은 가게에서 구매하지만, 주전자는 해외에서 발견한 앤티크 제품을 사용하고 있습니다.

물이 끓을 때, 뜨거운 김을 품은 법랑 주전자의 뚜껑이 딸각거리는 소리에 귀를 기울이고 있으면 마음의 여유도 되살아납니다.

우리 집의 아침밥은 셀프 서비스입니다.

각자 자신이 좋아하는 음식을 자신이 원하는 때에 먹습니다.

그 대신 저녁식사 시간에는 다이닝 테이블에서 가족이 함께 밥을 먹으며 이야기를 나눕니다.

아침은 각자 시간대가 다릅니다. 일어나는 시간도, 외출하는 시간도 가지각색인데, 어쩜 이런 가정이 대부분이지 않을까요?

나는 매일 다섯 시에 일어나지만, 가족은 여전히 자고 있습니다. 컨디션에 따라 일어나자마자 먹고 싶은 날과 한참 후에 먹고 싶은 날이 있습니다. 이는 누구나 마찬가지겠지요. 혼자서 괜한 신경을 쓰지 않고 아침을 시작할 수 있습니다.

딸도 초등학교 2, 3학년 무렵부터 자신의 아침밥은 스스로 준비하고 있습니다. 밥이 먹고 싶은 날은 된장국, 빵이 먹고 싶은 날은 수프, 이런 식으로 뭔가 만들고 있는 것 같습니다.

아내는 여섯 시쯤 일어나 딸의 도시락을 만들면서 빵 등으로 자신의 아침밥을 해결하고 있습니다.

내 아침밥은 대부분 빵과 커피입니다. 아침식사용 빵은 항상 직접 사옵니다.

아침에 관해 말하자면, 자신의 식재료는 스스로 준비하는 것이 우리 집의 기본입니다. 역시 딸은 아내에게 부탁하는 경우가 많은 듯한데, 내가 딸이나 아내의 것을 마음대로 먹었다간 혼납니다.

천연 효모를 쓴 수제 빵, 유명한 외국 브랜드의 빵, 옛 전통의 소박한 빵⋯⋯.

도쿄는 거리 여기저기에 맛있는 빵집들이 많아서 외출했을 때나 퇴근길에 다양한 가게의 빵을 구매합니다. 빵과 함께 우유를 넣은 인스턴트커피를 주로 먹는데, 그날

나다운 하루를 시작하기 위해
필요한 개인 시간.

의 기분에 따라 일본차, 중국차, 허브티를 마실 때도 있습니다.

우리 집의 방식을 조금 극단적으로 생각하는 사람들도 있겠지만, 남 신경 쓸 필요 없는 자기중심적인 아침 시간을 통해 나다운 하루를 시작할 수 있다면 그건 그것대로 좋지 않을까 싶습니다.

가족이 한데 모여 같은 음식을 먹지 않아도 "좋은 아침!" 하고 마음을 담은 인사를 주고받을 수 있다면, 개인적으로 보내는 시간과 함께 보내는 시간의 균형도 잘 맞춰갈 수 있으리라 생각합니다.

비교적 오랫동안 마음에 드는 실내용 슬리퍼를 찾고
있습니다.

아내와 딸이 집 안에서 신고 있는 것은 바부슈babouche
입니다. 모로코의 가죽 샌들로, 여성에게 인기라고 합니
다. 가족 모두가 같은 물건을 사용하는 경우가 많으니, 나
도 바부슈로 하면 좋을지도 모릅니다. 반짝반짝 빛나는
장식이나 자수가 붙어 있지 않은 남성용도 있는데, 역시
내가 신게 되면 살짝 위화감이 느껴집니다.

바로 얼마 전까지 버켄스탁BIRKENSTOCK의 샌들을 슬
리퍼 혹은 실내화 대용으로 사용했습니다. 착화감은 좋
지만 견고한 고무창이 달린 무거운 외출용입니다. 발소
리가 울려서 벗어버렸습니다.

내가 생각하는 이상적인 슬리퍼는 심플한 디자인의 가
죽 제품입니다.

하지만 고급 제품은 곤란합니다. 백화점의 특선품 판매장에 가면 멋진 남성용 슬리퍼가 진열되어 있는데, 한 족에 5만 엔이라는 엄청난 가격표가 붙어 있습니다.

영국 귀족이 성에서 유유자적할 때나 신을 법한 검은 가죽 슬리퍼입니다. 깔끔하고 심플한 디자인이 멋있어 보이나, 너무 비싸서 내게도, 우리 집에도 도저히 안 어울리는 물건입니다.

너무 비싸지 않고 품질은 좋은, 이상적인 슬리퍼를 만나고 싶습니다. 그런 연유로 슬리퍼 찾기는 한동안 계속되고 있고, 지금까지 집 안에서 나만 양말인 채로 보내고 있습니다.

'고작 슬리퍼 하나에 그렇게 고집부릴 필요가 있나?'

이렇게 생각하는 사람도 있을 겁니다.

하지만 집에서 매일 사용하는 물건은 그야말로 생활의 일부가 되는 것이므로 '일단은' 혹은 '하는 김에 겸사겸사'와 같이 아무렇게나 이상한 것을 받아들이고 싶지는 않

SANDALS

매일 함께해야 하는 물건은
신중하게 선택한다.

습니다.

매일의 생활 속에 함께해야 하는 물건이라면, 꼭 마음에 드는 것을 만날 때까지 신중하게 선택해도 괜찮지 않을까요?

편집자의 글머리에

신뢰할 수 있고 안심할 수 있는, '여기서 고른 물건이라면 괜찮다'는 가게를 알고 있습니다.

평생 함께할 만하다 싶은 가게가 있다면 마음이 든든해집니다.

침대 이외의 가구는 모두 세타가야에 있는 'STANDARD TRADE.CO.,LTD.'라는 가게에서 주문하고 있습니다. 오너인 와타나베 겐이치로 씨는 디자이너이자 가구 장인입니다.

1998년도에 회사를 설립한 이래 꾸밈없는 산뜻한 가구를 정성들여 만들고 있습니다. 주문을 하면 완성까지 두 달 정도 걸리는데, 기다리는 시간도 왠지 모르게 즐겁습니다.

가구점을 한 곳으로 정해놓으면, 가구를 늘리거나 수리를 할 때마다 아주 큰 도움이 됩니다. 딸의 공부 책상

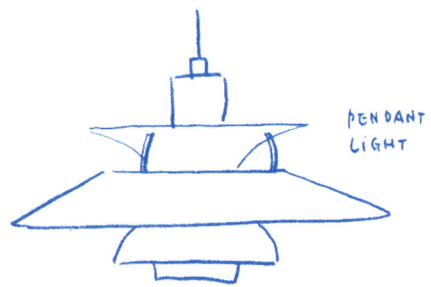

PENDANT
LIGHT

취향에 맞는 물건을 갖춘
가게가 있다는 든든함.

이 필요할 때, 등받이 없는 조그만 의자가 갖고 싶을 때, 소파가 낡아 천을 바꾸고 싶을 때, 어떤 상황에도 와타나베 씨한테 가면 만사 오케이입니다.

헤맬 필요 없이, 무엇보다 같은 가게의 제품이라, 새롭게 들인 가구가 아주 오래전부터 그곳에 있었던 것처럼 매우 자연스럽게 방과 조화를 이룹니다. 새로운 가구를 구입했다기보다 친구가 늘어난 느낌이 드는 겁니다.

집 안의 조명기구도 STANDARD TRADE.CO.,LTD.의 오리지널 제품입니다. 다이닝 테이블 위의 조명만 살짝 다른 디자인으로 해놓았는데, 모두 심플한 스틸 삿갓이 달려 있는 조명입니다.

나 역시 아무리 단골 가게를 정해놓았다 한들, 거기에 있는 마음에 드는 물건을 원 없이 살 만한 사치는 불가능합니다.

하지만 가게에 들러 '이거면 나도 살 수 있겠다' 싶은 물건을 신중하게 선택한다면, 사치가 아닌 현명한 쇼핑이 되겠죠.

중요한 것은 시간이 지나도 사라지지 않을, 변함없이 오랫동안 계속 운영해오고 있는 가게를 찾는 것입니다. 신뢰 관계가 생긴, 자신의 취향에 맞는 가게와 오랜 시간 함께할 수 있다면, 그것만큼 좋은 일은 없다고 생각합니다.

아로마 오일

'아, 집에 돌아왔다.'

현관문을 열 때마다 마음이 평온해지는 이유는 익숙한 향이 나를 맞이해주기 때문입니다. 거실에서 늘 피우고 있는 로즈마리 향을 맡는 순간 '아, 나의 공간에 돌아왔다'는 안정감이 듭니다.

향은 눈에 보이지 않지만 공간의 일부여서 가구와 마찬가지로 중요합니다.

가구는 집 안에만 머무르는 데 비해서 향은 들고 나갈 수도 있습니다. 늘 함께하는 익숙한 향으로 여행지의 호텔 방도 자신만의 장소로 만들 수 있는 것이지요.

내가 가장 좋아하는 향은 로즈마리입니다. 지나치게 달달하지 않고 산뜻한 점이 마음에 듭니다.

순수 로즈마리라면 병이나 라벨의 디자인은 달라도 내용물에 큰 차이는 없다고 생각하기에 특별히 정해놓은

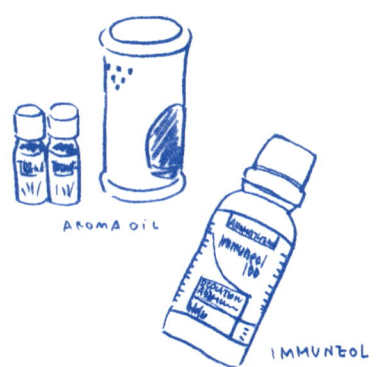

AROMA OIL

IMMUNZOL

좋아하는 향이 있다면 언제든
나만의 장소를 만들 수 있다.

브랜드는 없습니다. 큰 드러그스토어에서 구입할 수 있는 제품을 사용하고 있습니다.

디퓨저는 향의 강약을 조절할 수 있는 기능이 있는 콤팩트한 것이면 충분합니다. 거실에서건 방에서건 아로마 오일은 필수품이라서, 오일을 위에 떨어뜨려 전기로 따뜻하게 데우는 것도 사용하고 있습니다.

최근에는 'IMMUNEOL'이라는 오일에 열광 중입니다. 토크쇼에 함께 출연했을 때 요리연구가인 다카야마 나오미 씨가 알려준 제품으로, 유럽에서는 감기 예방약으로 사용하고 있는 의사도 많다고 합니다.

IMMUNEOL은 유칼립투스, 로즈마리, 티트리, 박하, 정향 등 아홉 종류의 천연 아로마 오일이 혼합되어 있는 오일입니다. 피부가 꺼칠꺼칠할 때에 발라도 좋고, 기분이 살짝 가라앉았을 때나 긴장을 풀고 쉬고 싶을 때, 손수건에 한 방울 떨어뜨려 냄새를 맡아도 좋습니다. 종일

일하고 뻐근한 어깨나 목덜미에 바르면 기운을 차릴 수 있습니다.

바깥에 나갈 때는 이 IMMUNEOL만 가방에 넣고 여러 가지 용도로 사용하고 있습니다.

잠들기 전엔 가끔 아로마 향수를 뿌립니다. 시트나 베개에 가볍게 한 번 뿌려 자신이 좋아하는 향에 둘러싸여 있으면, 어쩐지 기분 좋게 푹 잠들 수 있을 것 같은 느낌이 듭니다.

황규관 시집

오가닉 허브나 채소는 화학비료나 약품을 사용하지 않고 친환경적인 유기농법으로 만들어진 것들입니다.

처음 치약을 오가닉 제품으로 바꿨을 때 불평했던 기억이 있습니다. 일반 제품에 익숙했던 터라, 거품이 잘 일지도 않고 쓰기만 한 박하 향에 위화감이 들었던 것이 사실입니다.

하지만 적응이 되면 아무렇지 않습니다.

세탁용이나 식기용 세제, 유연제 등도 오가닉 제품으로 바꾸고 난 뒤로 기분 탓인지 몸이 산뜻해진 것 같습니다. 일반 제품에는 대부분 화학물질이 들어 있습니다. 극히 미량이라 해도 결과적으로는 화학물질이 몸 안에 축적됩니다.

예전에는 타월이 폭신폭신해지고 세탁한 뒤에도 좋은

JOHN MASTERS ORGANICS

내 몸에 직접 닿는 것을
선택하는 기준.

향이 감도는 유연제를 좋아했습니다. 그러나 한번 오가닉 제품으로 바꿔보니 더 이상 예전으로는 되돌아갈 수 없습니다.

천연 제품이어서 향이 미미하고 거품도 작게 일어납니다. 그래도 익숙해지면 오히려 거품이 많이 나는 제품이 부자연스럽게 느껴집니다.

샴푸는 미국에서 만난 존 마스터스 오가닉John Masters Organics 제품을 사용하고 있습니다. 화학물질을 일절 사용하지 않는 브랜드라 최근에는 애용하고 있는 사람도 많을지 모릅니다. 세안 후에 스킨이나 애프터 셰이브 로션도 오가닉 제품을 사용합니다. 몸에 직접 닿는 것은 가능한 한 오가닉 제품으로 바꾸고 있습니다.

그러나 이것도 개인의 기호와 연령에 따라 다를 겁니다. 새삼스레 물어본 적은 없으나, 아마도 내 딸은 '오가닉 같은 건 모른다'는 듯이 친구들에게 물어가며 제 나름대로 좋은 것을 사용하고 있겠지요. 중학생 여자 아이가 호기심이 향하는 대로 이것저것 시도하는 모습은 지극히 자연스러운 것이라고 생각합니다.

한강 장편소설

맛있는 고깃집, 맛있는 채소 가게를 알고 있는 것만큼 멋진 꽃집을 알고 있다는 것은 행복한 일입니다.

예를 들어 기쁜 일이나 축하할 일이 있어 누군가에게 선물할 꽃다발을 만든다고 해보지요.

꽃 선택은 매우 감각적인 것입니다. 상대의 인품과 센스, 자신의 취향까지 고스란히 드러나게 되니까요.

어떤 꽃다발을 만들어줬으면 하는지, 아무리 말로 설명해도 뜻이 전해지지 않는 꽃집은 정말이지 난감합니다. 잘 모르는 꽃집에 꽃다발을 주문해놓고 받으러 갔더니, 도저히 이건 아니다 싶은, 지나치게 조잡한 꽃다발이 완성되어 있었다고 해보죠.

이런 경우, 돈을 내고 주문한 이상 도로 무를 수도 없습니다. 들고 가는 동안 그 꽃다발은 분명 무겁게 느껴질 겁니다. 꽃다발에 선물하는 사람의 센스가 드러난다고 한다면, 상대가 어떻게 받아들일지 상상하는 것만으로도 납덩이처럼 무거워지겠지요.

'꽃다발을 주문할 때는 여기서'라고 정해놓은 가게가 있다면, 한결 마음이 가볍습니다. 싱싱한 꽃을 취급하는데다 주인이 센스까지 있는 곳이라면 더욱 좋겠지요.

앤티크한 코르사주 같은 꽃다발, 들에 피어 있는 꽃을 그대로 집어와 정리한 듯한 자연스러운 꽃다발, 어느 것 하나 지나치게 화려하지 않고 전혀 꾸민 티가 나지 않는 것이 내가 생각하는 이상적인 꽃다발의 모습입니다.

나는 흰 꽃을 제일 좋아해서 나를 위한 선물용으로도 그렇고 남에게 주는 것으로도 대부분 흰 꽃을 선택합니다. 봄이면 튤립, 여름에는 백합, 가을은 코스모스, 겨울은 수선화, 이런 식으로 1년 내내 고를 수 있는 흰 꽃이 존재한다는 것은 참으로 기쁜 일입니다.

우리 집은 꽃병을 별로 사용하지 않고, 여행지에서 구

PITCHER

좋아하는 꽃 하나 정도는 있어야
일상이 풍성해진다.

입한 앤티크한 물주전자나 피처에 꽃을 꽂는 경우가 많습니다.

꽃병이라면 핀란드의 건축가 알바 알토가 디자인한, 파도를 본뜬 알토 베이스Aalto Vase가 유일한데, 크기별로 구비해놓고 꽃을 즐기고 있습니다.

침대와 베개, 리넨

잠자리 도구는 정말로 중요해서 절대로 아무거나 함부로 사용하지 않습니다.

매일 하루의 끝에 몸을 뉘었을 때 '여기서 잠들 수 있어 다행이다'라고 느껴지는 침대와 베개를 사용하고 싶습니다.

전 세계에 소재해 있는 웨스틴 호텔은 도쿄와 오사카에도 있는데, 특히 힘을 쏟는 것이 침대입니다. '헤븐리베드Heavenly Bed'라는 이름대로 폭신폭신하고 아주 편안한 잠자리는 정말로 천국 같다는 호평을 받고 있습니다.

미국 호텔답게 리넨부터 목욕 가운이며 침대까지, 인터넷으로 호텔 제품 판매도 하고 있습니다.

헤븐리 베드는 월등하게 잠자리가 편안하지만, 꽤 고가의 제품이어서 지금은 부러운 마음으로 쳐다보고 있을 뿐, 분수에 맞는 범위에서 가능한 한 질 좋은 것을 사용하고 있습니다.

예수께서 갈보리 산에서 흘리신
보혈로 죄악된 장자리를

지금 내가 사용하고 있는 침대와 베개는 템퍼TEMPUR입니다.

템퍼는 잠자는 동안 침대가 사용자의 몸에 맞춰 형태가 변하는 독특한 제품으로, 이미 애용하고 있는 사람도 있을 겁니다.

겨울의 템퍼 침대는 중력과 습도에 반응해서인지 얼마 동안은 딱딱합니다. 체온으로 따뜻하게 데워지면 비로소 부드러워지는데, 나는 아무렇지 않지만 아내와 딸은 '차갑고 돌 위에서 자고 있는 것 같아서 싫다'며 다른 침대를 사용하고 있습니다.

사이즈는 가족 모두 세미더블로 통일했습니다. 이렇게 하면 침대 리넨을 공유할 수 있기에 정해진 장소에 개켜져 있는 것을 각자 원하는 대로 바꿀 수 있습니다.

베개 커버와 시트도, 침대 주변의 리넨은 모두 흰색 마인데, 같은 것을 몇 세트 준비해놓고 낡으면 바로 새 것을 내어 쓸 수 있도록 재고품도 구입해둡니다.

목욕용 수건은 웨스틴 호텔의 제품을 쓰고 있습니다.

마음먹으면 살 수 있을 만한 가격이고, 호텔 사양의 제품은 뭐니 뭐니 해도 튼튼한 점이 마음에 듭니다. 수건은 어느 가정에서건 매일 사용하는 물건으로, 자주 세탁하면 일반 제품은 금방 못쓰게 돼버립니다. 그런 점에서 호텔 제품은 디자인이 심플한 것은 물론이고 견고하고 사용감도 좋아 오래 두고 쓸 수 있습니다.

리넨이나 수건을 똑같은 것으로 구비해놓으면 가족 모두가 사용할 수 있습니다. 쇼핑할 때도 망설일 필요가 없고, 침대 주변이나 욕실, 그리고 세탁한 것을 쌓아 두는 선반도 너저분해지지 않습니다.

일의
기본

나만의 규칙을 세우다

대비하는 습관

내게는 '지금이다' 싶은 때가 없습니다.

항상 미리 준비하고 일의 순서를 정해 조심스럽게 일을 수행하는 습관이 배어 있어서 '만일의 경우'가 거의 없습니다.

중요한 일을 잘 성사시키기 위한 특별한 옷도 없습니다. 기껏해야 평소의 흰 셔츠를 제대로 갖춰 입는 정도입니다.

왜냐하면 내가 뭔가 행동할 때는 어느 정도 상상한 대로 일이 진행될 만큼 준비가 갖춰진 때니까요. 어째 잘난 척하는 것처럼 들릴지 모르겠으나, 예상 밖이란 있을 수 없습니다.

이것은 마치 요리와 같다고 봅니다.

가장 중요한 요소가 좋은 재료를 모으는 것이라, 열심히 발품 들여가며 필사적으로 매달립니다. 최고의 식재

료를 구비하려면 좋은 채소 가게나 농가, 때로는 어부와의 연계가 없어서는 안 됩니다.

마찬가지로 일에 있어서도 여러모로 관계망을 구축하는 것이 좋은 소재 모으기에는 없어서는 안 될 과정입니다. 이 부분은 여유를 부리며 할 수 있는 것이 아닙니다.

관계망 구축은 축적이 증명합니다. 약속을 지킨다, 인사를 제대로 한다와 같은, 일상의 태도가 중요하기 때문에 '지금이다' 싶은 그때만 붙임성 있게 해봤자 아무런 소용이 없습니다.

소재를 모으고 나면 조리를 하기 전에 도구 배치, 조미료 진열 방식 등 최고의 퍼포먼스를 펼칠 수 있게끔 정리정돈을 해둡니다. 업무 도구나 책상 주변을 정리하고, 연락 및 일의 절차를 빠짐없이 준비해두는 것도 마찬가지입니다.

여기까지 완료해놓으면, 마침내 요리에 착수할 때는

만반의 준비가 갖추어져 있습니다. '이제 맛있어지는 것밖에 없다'는 결승점을 향해 무서운 기세로 순조롭게 나아갈 뿐입니다.

일 역시 이런 방식으로 하면, 강인하게 주장을 관철하거나 '지금이다'라면서 한판승부를 벌일 필요가 없어집니다.

물론 마무리는 중요합니다. 마지막까지 긴장을 풀지 않고 정성들여 해야 하지만, 지나치게 필사적이 되는 것은 내 방식이 아닙니다.

아무리 열심이라 해도 절박한 얼굴로 무턱대고 일한다면 어떨까요? 업무 상대가 '이렇게나 초조해하고 있는데 괜찮나?'라고 생각할지도 모릅니다.

보이지 않는 부분에서 하는 준비는 필사적으로 임하지만, 일 자체는 여유를 가지고 매끈하게 수행합니다. 모든 일을 이런 식으로 할 수 있다면 더할 나위 없겠지요.

젊을 때는 준비 없이 순간순간 애드리브와 기지를 발

주도적으로 일하기 위해서는
나름의 계획부터 세워야 한다.

휘해 상황을 모면하고 일을 풀어나가는 방식이 멋지다고 느낄지도 모릅니다.

'아무 준비도 안 했는데 막상 닥치니 그럭저럭 되네'라면서 만족할지도 모르지요.

그러나 흡족해하는 것은 자신뿐으로, 옆에서 봤을 땐 '합격 커트라인을 간신히 넘은 정도'의 느낌을 갖습니다. 젊은 시절의 나도 그런 부끄러운 짓을 많이 했겠지요.

하지만 아무 준비 없이도 일이 매끈하게 진행되는 경우는 현실에서는 드문 이야기입니다.

'혼자서 준비 못하겠다.'

이런 느낌을 주는 순간, 상사나 선배 등 주변으로부터 지시를 받아 시키는 대로 준비를 하게 됩니다. 즉, 일하는 방식이 타율적이 된다는 말입니다.

'다음은 어떻게 하지?'라는 생각을 해서는 안 됩니다. 이내 누군가의 지시가 내려오니까요. 혹은 먼저 앞서가는 사람을 따라가기만 하게 됩니다.

어떤 방식이라도 좋습니다, 자기 나름대로 '다음은 이렇게 하겠어, 그 다음은 저렇게 할 거야' 하고 정해놓으면, 주체적으로 일을 해나갈 수 있습니다. 이는 일뿐만 아니라 삶의 방식으로도 이어진다고 생각합니다.

아름다운 거리를 만들기 위해 도로를 밝은 색의 벽돌로 정돈하고, 양옆에는 포플러나무를 심습니다.

카페의 파라솔은 나무의 색과 어우러지는 짙은 녹색입니다. 그리고 맞은편은 따뜻한 베이지 색 차양이 드리워진 빵집이 있는 조화로운 풍경입니다.

이런 풍경 속에 카페 2층 주민이 자신의 세탁물을 바깥에 널어놓는다면 어떨까요? 그 세탁물이 각양각색의 속옷이나 파자마처럼 가능하면 시선을 돌리고 싶을 만한 것들이라면 어떻겠습니까?

회사 책상에 개인 물건을 둔다는 것은 이와 마찬가지라고 생각합니다.

아무리 자신의 자리라고 해도 그곳은 회사로부터 빌린 공공의 공간입니다. 회사의 책상을 흡사 자신의 방처럼 편안하게 만드는 것은 사회성이 결여된, 아주 미숙한 행동이라고 생각합니다. 만약 '나다움'을 표현하고 싶다면, 다른 부분에서 드러내야 합니다.

유럽이나 미국 및 일본의 일부 회사에서는 개인 고정석을 마련하지 않고 누가 어느 자리에서라도 일할 수 있는, 이른바 '프리 어드레스Free Adderess 제도'를 도입하고 있습니다.

실제로 이 제도의 도입 여부는 그만두고서라도, "내일부터 ○○ 씨가 당신의 자리를 사용합니다"라고 해도 곧바로 "그러세요" 하고 말할 수 있을 만한 상태로 각자의 책상을 정리해두었으면 합니다.

대부분의 일은 복잡한 것을 단순화시켜 나가는 과정입니다. 그렇게 생각하면 책상 주변의 정리정돈이란 일의 전반을 상징하고 있음을 알게 됩니다.

'바빠서 정리 못한다.'

이런 변명을 하는 사람이 착각하는 게 있습니다. 책상 주변의 환경을 정리하는 것, 이 또한 중요한 일의 일부라

TABLE
LAMP

복잡한 것을 단순화시키는 것이
일의 본질이다.

는 의식이 쑥 빠져 있는 것이지요.

카우북스에서도, 〈생활의 수첩〉의 편집부에서도 '일을 시작하자'고 할 때에는 먼저 정리정돈부터 시작합니다. 정리정돈을 하며 흐트러진 질서를 정리합니다. 당연히 나 역시도 포함되는 일입니다.

무조건 물건이 없어야 좋다는 그런 단순한 이야기가 아닙니다.

자신이 가장 빈번하게 사용하는 물건이 펜인지 계산기인지 컴퓨터인지, 많은 전화를 받아야 한다면 어느 각도에 두어야 원활하게 수화기에 손을 뻗을 수 있는지, 재빨리 메모를 적을 수 있게끔 준비되어 있는지를 차례로 점검합니다. 그러면 자신에게 가장 이상적인 공간 배치를 할 수 있을 것입니다.

전화, 메모지, 펜을 전부 일렬로 가지런히 놓으면 보기에는 깔끔해보일지도 모릅니다.

하지만 그것들을 비스듬히 놓는 편이 일을 하기에 편리하다면, 이는 잘못된 규칙이겠죠. 자신에게 정말로 도움이 되는 규칙에 따라 다시 정리해야 합니다.

자신의 규칙으로 업무 환경을 조절할 수 있으면, 많은 물건이 책상 위에 놓여 있어도 결코 혼잡해 보이지 않습니다.

시로드베르 수필집

오래된 시스템 수첩이나 파일로팩스Filofax 다이어리에 걱정거리, 진행 중인 안건 등을 기입해두면 머릿속이 정리되는 느낌이 듭니다. 떠오른 것을 바로바로 정리해서 적어두기 위한 작은 메모장입니다.

하지만 스케줄 관리의 근본은 어떤 도구를 사용하는가가 아닙니다.

도구라는 건 자신에게 잘 맞으면 무엇을 사용해도 상관없을 만큼 부수적인 겁니다. 중요한 것은 수첩이나 일정표를 보지 않아도 앞으로의 일정을 알 수 있도록 해두는 일이지요.

'앗, 내일 일정이 뭐였더라?'

수첩을 봐야만 기억나는 약속이나 회의가 있다면, 이는 자신의 수용 능력을 초과했다는 증거입니다.

업무의 나열뿐 아니라
일에 쫓기지 않기 위해서 필요한 기록.

사적인 식사 자리건 뭘 배우러 다니는 일이건 마찬가지라고 생각합니다.

스케줄을 확인하지 않아도 머릿속에서 앞으로 1주일 정도의 일정은 파악하고 있는 상태를 만드세요. 스케줄 관리란 일정을 가득 채워나가는 것이 아니라, 자신의 업무량을 관리하는 것이라고 생각합니다.

'어라, 내일 오후 시간이 비어 있네. 회의를 한 건 더 넣어야지.'

이런 방식의 일정 채워 넣기는 관두세요.

'지금 내 업무량은 어떤가? 여유가 있나, 아니면 가득 차 있나?'

일정을 채워 넣기 이전에 우선은 스케줄 전체를 파악해 잘 생각합니다. 내일 오후 시간이 여유가 있는지 어떤지는 내일 일정만으로는 판단할 수 없습니다.

만약 1주일 후에 서류를 제출할 예정이라면, 내일 비는 시간에 그 서류를 작성해야만 시간에 맞출 수 있을지도 모릅니다.

물리적으로 당장 '해야 할 일'이 없어도 다음 달의 기획 회의를 준비하기 위해 차분히 생각할 시간을 보내는 것이 낫습니다.

어떤 일을 맡을 때에도 자신의 업무량 전체를 파악하여 맡을 수 있는지 없는지 판단하는 편이 좋겠지요.

나는 어떤 의뢰를 받을 때마다 '내가 감당할 수 있는 무게의 일인지, 일의 양이 수용능력 초과는 아닌지'를 스스로에게 묻고 있습니다.

일에 쫓기지 않기 위해서는 받자마자 바로 처리하는 것이 좋습니다.

즉, 당장에 가능한 일이라면 마감이 2주일 후건 한 달 후건 상관없이 그 자리에서 처리해버릴 정도로 몸놀림이 가벼워야 한다는 말입니다.

'부탁받은 순간에 정리해버리자'는 자세는 익숙해지면 정말로 편합니다.

언제까지 그 일을 처리할지를 일정표에 적을 필요조차 없습니다.

수첩이 필요 없을 정도로 홀가분하게 일을 할 수 있다면, 그 방법이 최고가 아닐까요?

사무용 문구

볼펜, 테이프, 스테이플러, 클립처럼 일을 할 때 늘 사용하는 사무용 문구에 대해 엄격한 기준을 둘 필요는 없습니다.

모든 사무용품을 색을 맞추어 구비한다면, 그건 그것대로 멋지다고 생각합니다.

하지만 누구의 서랍에나 어떤 경위로 들어와 있는지 모르는 스테이플러 한두 개쯤은 있게 마련입니다. 쉽게 파손되는 것도 아니어서 바꿀 일도 거의 없는 물건들 말이지요.

그런 이유로 '멋진 사무용 문구를 갖추고 싶다'는 의식이 내게는 없습니다.

'잘 안 드는 가위로는 종이봉투를 자르고 싶지 않다.'

이 정도의 마음은 있으니, 편의점에서 구입할 수 있는 보통의 것이면 충분하다는 생각입니다.

그런데 '보통'과 '아무래도 상관없다' 사이에는 하늘과 땅만큼의 차이가 있습니다.

'세련되고 좋은 것'과 '보통의 것'만큼 외관상의 차이가 크지 않아서 모르는 사람도 있겠지만, 아무래도 상관없는 싸구려는 결국 일의 효율을 떨어뜨릴 뿐입니다.

믿을 수 없을 정도로 싼 것을 '대량 구매하면 이득이니까' 하는 생각으로 아무렇지 않게 집어넣는 사람도 있는데, 어리석은 행동입니다.

겉보기는 평범해도 잉크가 새서 못 쓰는 볼펜, 손이 닿으면 끈적거려 속 터지게 만드는 셀로판테이프나 접착테이프 등 이런 '아무래도 상관없는 싸구려'를 사용하다 보면 짜증이 나는 것은 물론 일의 효율도 떨어집니다. 게다가 물건을 소중히 여기지 않고 낭비하게 되어 오히려 경비가 불어날지도 모릅니다.

회사가 '아무래도 상관없는 싸구려'를 선택하는 이유는 경비 절감이라는 이유도 있습니다. 그러나 개개인이 사

FOUNTAIN PEN

당연하게 여기는 것을
소중히 다루는 태도.

무용 문구를 소중하게 사용하지 않는 것 또한 분명 한 원인일 겁니다.

비록 지급품이라고 해도 매일의 업무에 사용하는 도구이니 무용지물로 만들지 말고 아끼면서 사용합시다. 업무 때 자주 사용하는 볼펜 같은 경우에는 자기 마음에 드는 것으로 직접 마련해 기분 좋게 사용하는 것도 하나의 방법이겠죠.

'당연하게 여기는 것'을 얼마나 소중히 다룰 수 있는가. 일하는 자세는 사소한 것에서부터 드러납니다. 작은 일을 소홀히 여기고 대충 하는 사람이 중요한 업무를 잘할 수는 없다고 생각합니다.

나는 연필깎이로 연필을 깎으면 끝이 너무 뾰족해져서 쓰기가 불편해 칼로 직접 깎고 있습니다. '깎이면 뭐든 똑같다'는 감각은 단호하게 멀리하려고 합니다.

아무런 특징도 없는 널리고 널린 연필일지라도 자신이 원하는 방식으로 깎아서 정리하면 훌륭한 도구가 되어줄 겁니다.

편지지

'한 글자 한 글자 천천히 쓴다.'

볼펜으로든 만년필로든 편지를 쓸 때는 항상 주의를 기울입니다.

서두르지 않고 천천히 쓰면 붓끝의 힘을 조절할 수 있고, 정돈된 글씨로 편지를 쓸 수 있습니다. 편지의 시작은 정중한 인사와 함께 계절에 대한 이야기를 담는 정도의 느긋한 속도가 좋습니다.

편지의 원칙은 상대를 난처하게 만들지 않는 것!

그래서 글자를 천천히 씁니다. 가령 글자의 인상만으로도 상대에게 도전하는 듯한 필압은 피하는 편이 좋겠지요.

난처하지 않게 만드는 것은 상대를 궁지에 몰아넣지 않는 것으로 연결됩니다.

가능한 한 자연스럽게, 천천히,
마음을 담아서 쓴다.

"편지를 쓸 정도로 꼭 감사인사를 하고 싶다거나, 신세를 지고 있다거나, 존경하고 호의를 가지고 있는 상대일 텐데, 궁지에 몰아넣는 편지를 쓸 리가 없잖아요?"

어리둥절해하는 사람도 있겠지만, 호의든 감사든 마음을 강하게 전하는 것 자체가 위험하다는 얘기입니다.

자신이 전하고자 하는 이야기만을 생각해 편지를 쓰다 보면, 상대에 대한 배려를 잊어버리기도 합니다.

'당신을 존경하고 있으니, 나라는 인간에 대해 알아줬으면 합니다.'

그런 시작으로 마음 전부를 털어놓으려는 듯한 장문의 편지를 쓰면, 받은 상대는 뭐라고 답장을 해야 좋을지 난처해지겠죠.

'이에 대한 답장을 주세요.'

'당신의 생각을 들려주세요.'

무슨 일이 있어도 꼭 대답을 요구하는 듯한 인상을 주는 편지도 상대를 난처하게 만들어버립니다.

읽는 사람이 불쾌하게 생각하지 않을 뿐만 아니라, 가볍게 답장을 할 수 있을 만한 내용, 더 말하자면 '답장을 써도 되고 쓰지 않아도 된다' 정도의 편지가 좋은 편지라 생각합니다.

받는 사람에게 부담을 주지 않는 편지를 보내고 싶다면, 지나치게 신경 쓴 편지지나 우표도 사용하지 않는 게 좋겠지요.

나는 일상적으로 편지를 쓰는데, 세상 돌아가는 내용이라면 엽서나 근처 문구점에서 판매하는 극히 평범한 편지지를 사용합니다.

업무 관련 편지라면 회사에서 제공하는 공식적인 편지지를 사용합니다. 예쁜 기념 우표도 구입해놨지만 기본 우표를 사용할 때가 더 많습니다.

그런데 '잘 쓴 편지'와 '좋은 편지'는 비슷해 보이지만 다릅니다.

문장이 뛰어나다고 해서 좋은 편지가 아닙니다. 조금

지루해도 마음이 전해지는 편지가 좋은 편지입니다. 그래서 편지는 가능한 한 자연스럽게, 천천히, 마음을 담아 쓰려고 합니다.

최현배

"이 건에 대해 이야기를 나눠보죠."

나는 가능한 한 사람을 만나 얼굴을 마주하고 이야기를 하려고 합니다.

사람을 만나는 이유는 여분의 이야기를 나누기 위해서입니다. 일과 관계없는 여담, 세상 돌아가는 이야기를 나누기 위해 사람을 만납니다. 그런 대화를 통해서 일에 대한 새로운 아이디어를 얻거나 생각지 못한 기획거리를 발견하기도 하지요.

회의의 기본은 상대보다 먼저 도착해 있는 것인데, 이것은 나의 철칙입니다.

장소는 반드시 조용한 곳으로 정합니다. 상대방을 배려한 장소 선택은 매우 중요하겠지요.

"중요한 업무 부탁입니다. 부디 들어주세요."

업무상 무언가 부탁해야 하는 자리라면, 셀프서비스인 캐주얼한 커피숍보다는 정중한 분위기의 호텔 커피숍 같

회의의 성격과 상대방을 배려한
장소를 선택한다.

은 곳이 나을 겁니다.

내 경우, 일 관계로 인터뷰를 부탁할 때는 특히 이 점을 의식합니다. 단순히 이야기만 들을 생각이라면, 회사 회의실이건 근처 찻집이건 상관없습니다.

하지만 조금 더 밀도 있는 인터뷰를 하고 싶다면, 독립된 공간을 대여하는 것이 좋습니다. 고작 낮 동안의 몇 시간이라고 해도 자신을 위해 공간을 확보해뒀다는 그 사실에 대해 상대는 '배려해주고 있다', '이렇게까지 준비해 나를 대접해주고 있다'고 느낄지도 모르니까요.

그렇게 느끼면 기분이 좋아져 평소라면 하지 않을 이야기도 들려주곤 합니다. 결과적으로 회의의 장소 선택이 일의 질에도 영향을 미친다는 이야기지요.

낭비할 필요도, 사치를 부릴 사안도 아니지만, 일의 질에 관계되는 돈은 아껴서는 안 된다고 생각합니다.

선물의 목적

정말 맛있는 것을, 아주 조금.

선물을 살 때마다 마음속으로 중얼거리는 말입니다. 내가 받았을 때 기쁜 선물이 그러니까요.

'부피가 커야 좋다'는 사람도 있지만, 맛없는 쿠키가 산처럼 쌓여 있는 선물은 곤란합니다.

설령 맛있는 것이라 해도 양이 너무 많으면 오래도록 남아 있어 다 먹을 때까지 부담이 되겠지요. 차라리 그 자리에서 다 사라질 정도인 편이 깔끔하며 기쁘기도 합니다.

아무리 맛있고 신선한 것이라고 해도 선물받는 사람이 바로 먹을 수 있다는 보장이 없으니 음식의 경우에는 날것도 피하는 게 좋겠지요.

'어머나, 오래 보존이 안 되네. 서둘러 먹어야 할 텐데' 하고 받는 사람을 초조하게 만드는 것은 선물로서 별로 밤을 수 있는 것을 잊을 그늘다.

부담감이 기쁘게

라고 생각합니다.

선물이라고 하면 보통은 빵이나 과자류를 떠올립니다.
하지만 아무리 특별한 한정품일지라도 '아, 과자인가'
하는 느낌밖에 들지 않는 경우도 많습니다. 대대로 내려
오는 전통 화과자의 팥소든, 프랑스의 유명 파티시에가
만든 마카롱이든, 예의상 건네는 인사치레의 냄새가 납
니다.

개인적으로는 선물하기 가장 좋은 건 꽃이라고 생각합
니다.
한번 해보면 꽃을 선물하는 일이 그리 어렵지 않음을
분명 느낄 겁니다. 남성이라 해도 기쁘게 받을 수 있는
선물입니다.
음식이나 물건은 취향을 몰라서 어려울 때가 있으나,
기본적으로 꽃을 싫어하는 사람은 거의 없습니다.
당장 장식할 수 있고 예쁜데다가 오래 두고 간직해야
하는 부담이 없어서 흔적도 남지 않습니다. 꽃은 인상이

강해서 '이때다!' 싶을 때에는 내 편이 되어줍니다.

이건 비밀 작전인데, 업무상 무리한 부탁을 할 때 나는
대부분 꽃다발을 들고 찾아갑니다.

너무 크면 민폐가 되므로 3,000엔 정도의 꽃다발로 합
니다. 5,000엔이면 조금 지나치게 화려해집니다. 흰 꽃과
초록 잎의 싱그러운 꽃다발은 무리한 부탁일지라도 무조
건 괜찮아지는, 부적 같은 존재입니다.

다만 평범한 일에는 '서로 선물 주고받기는 하지 않는
다'고 정하는 게 부담도 안 되고 깔끔하다고 생각합니다.

잊히지 않는 사람들

직장에서 '이 말을 했다간 아웃!'되는 말이 있습니다. 절대적인 금기어라고도 할 수 있죠.

그것은 '할 생각이다'는 말입니다.
'아니, 그럴 생각이 아니었습니다.'
'기한 내로 할 생각이었는데 못했습니다.'
'언젠가는 할 생각인데 지금으로서는……'

누구나 실수는 합니다. 잘못도 범합니다. 그 일 자체를 탓하려는 게 아닙니다.

과오를 솔직하게 인정하고 확실하게 사과하면, '자, 이제 어떻게 할까요?' 하고 이야기를 앞으로 진행시킬 수도 있습니다.

그러나 '할 생각이다'라는 변명으로 자신이 범한 과오를 얼버무리면, 어떻게 할 방법이 없습니다. 한번 남의 눈을 속이기 시작하면 더는 돌이킬 수 없습니다.

'할 생각이다'라는 말은 '사실은 할 생각이었다'처럼 하지 않은 일에 대한 변명으로도 사용됩니다.

그러나 '할 생각이다'는 개인적인 생각에 지나지 않습니다. 기껏해야 '이랬더라면 좋을 텐데' 하는 애매한 소원에 지나지 않습니다.

'할 생각이다'라는 말은 버리세요.

깨끗하게 인정하는 게 좋습니다. 이미 엎질러진 물이라고요. 엄격한 규칙이지만 스스로에게 솔직하지 않으면 일을 잘할 수 없습니다.

'생각하고 있었습니다.'

'계획하고 있었습니다.'

이렇게 생각만 하고 아무것도 실행으로 옮기지 않는다면, 무슨 소용이 있을까요? 안일하고 애매한 마음가짐으로 일터에 나와서는 안 됩니다.

스스로에게 부끄럽지 않기 위해
필요한 마음가짐.

명함 정리

'명함을 교환해도 곧바로 폴더에 정리하지 않는다.'

명함을 늘리고 싶지 않은 나의 작은 아이디어입니다.

여러 사람들을 만나는 날이 많기 때문에 그 모두와 긴밀한 관계를 이어나가기는 현실적으로 어렵습니다. 사람과의 유대는 숫자가 아니라고 믿고 있기에 더욱 그렇습니다. 자기 나름의 방식을 만들어내지 않으면 명함만 늘어날 뿐 정작 중요한 관계들을 놓치게 됩니다.

그래서 우선은 명함을 교환한 그 자리에서 그 사람의 이름을 머릿속으로 계속 외칩니다. 그렇게 하면 정말로 기억하고 싶은 사람의 이름은 왠지 모르게 머릿속에 남습니다.

그 다음에는 자신의 책상으로 돌아와서 명함에 날짜를 기입합니다.

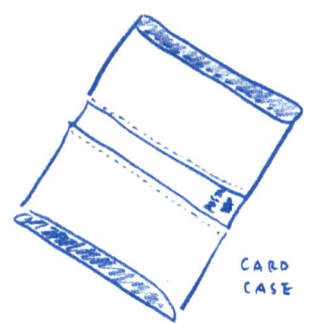

CARD
CASE

중요한 관계에 집중하는
자신만의 방식을 만든다.

그 이후가 나만의 '작은 아이디어'입니다. 작은 상자 속에 명함을 잠시 대기시키는 겁니다.

한 달 정도 지난 뒤에 명함이 대기하고 있는 상자를 엽니다. 대부분의 경우 꽤 많이 쌓여 있는데, 한 장 한 장 살펴나갑니다.

이 시점에서 '앞으로도 챙겨놓을 명함'과 '미안하지만 작별할 명함'으로 나눕니다. 이는 어쩔 수 없는 일입니다. 이 분류 과정이 없으면 '대체 이 사람은 누구였더라?' 하는 미아가 된 명함 무더기를 껴안는 상태에 이르고 마니까요.

명함 폴더는 문구점에서 취급하는 지극히 평범한 것을 사용하고 있습니다.

항상 폴더 한 상자에 수납되는 양을 주의하고 있습니다. 한 상자에 500장 정도 들어가는데, 가득 차는 일은 없습니다. 언제나 들어 있는 명함은 300장 정도로, 최대치가 되지 않도록 주의합니다.

지갑과 카드

이상하게 지갑은 너덜너덜하면 안 된다는 기분이 듭니다. 그래서 오래 사용해 길들여진 것보다 항상 새롭고 말쑥한 것을 씁니다.

마음에 드는 것을 골라 아끼면서 사용하고 있지만, 2년마다 처분하고 새로운 지갑으로 바꿉니다. 2년이라는 기간은 어떻게 생각하면 짧은 시간이기에 놀라는 사람도 있습니다.

"이렇게 깨끗한데 왜 벌써 바꿔요?"

아마도 나는 돈에 관계되어 있는 모든 것을 '오래 끌고 싶지 않은' 모양입니다. 항상 깔끔하기를 바라는 듯싶습니다.

지갑은 검은 가죽 제품을 선택하는데, 지폐를 넣는 지갑과 동전 지갑은 나눕니다.

최근에 마음에 든 지갑은 화이트하우스 콕스Whitehouse

Cox나 에팅거ETTINGER 같은 영국산 가죽 브랜드 제품입니다.

지갑 속은 금액이 다른 지폐를 너저분하게 쑤셔 넣지 않고, 당연히 접지도 않으며, 방향도 가지런하게끔 정리하고 있습니다.

택시, 편의점, 점심식사를 하러 간 가게에서 돈을 주고받는 것은 찰나에 이루어지므로 잠깐 방심하면 지갑 속은 혼잡해집니다. 지폐의 방향 정리는커녕 구겨지거나 지폐 사이에 영수증이 섞여 들어갈지도 모릅니다.

습관적으로 하루에 두 번 정도 한숨 돌릴 때에 지갑의 내용물을 정리합니다. 영수증도 쌓아두지 않고 그날그날 지갑에서 꺼내 업무 경비로 정산할 것과 개인적으로 사용한 것으로 나누어 정리하고 있습니다.

돈이라는 건 많은 사람의 손을 거치는 만큼 더럽기 때문에 지폐며 영수증이며 카드까지 전부 꺼내 이따금씩

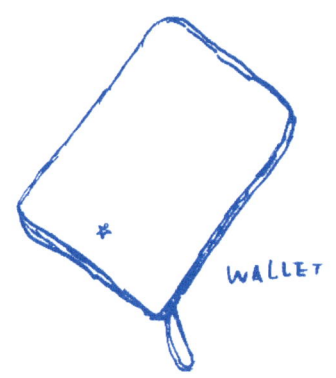

WALLET

꼭 필요한 것만 남기고
여유 공간을 남겨둔다.

지갑 내부를 닦습니다. 외부도 가죽이 더러워지지 않도록 손질하고 있습니다.

평소에도 현금은 거의 가지고 다니지 않는 편이라서 휴일에는 신용카드만 들고 다닐 정도인데, 그래도 카드는 가능한 한 줄이는 편이 좋다고 생각합니다.

은행이나 백화점, 가전제품 판매점 등 다양한 종류의 카드를 가지고 있지만, 전부 가지고 다닐 필요는 없습니다. 메인으로 쓰는 카드 한 장과 예비용 카드 한 장이면 충분합니다. 이외에 일상적으로 사용하는 은행의 현금 인출 카드가 있다면, 조금도 불편함이 없습니다.

다양한 가게의 멤버십 카드로 터질 것처럼 부풀어 있는 지갑을 가끔 보게 되는데, 깔끔하고 여유 있는 지갑 관리를 위해서는 꼭 필요한 것만 남기는 것이 좋다고 생각합니다.

가게 직원이 카드를 권유해도 "죄송합니다, 괜찮습니다." 하고 거절합니다. 이렇게 마음을 먹으면 편해집니다.

작은 '이득'은 놓칠지 몰라도 그만큼 여유가 생기지요.

사용하는 것만 지갑에 넣는다는 원칙에 어긋나는 게 딱 하나가 있는데, 바로 두 번 접어놓은 1만 엔 지폐입니다. 평소 사용하는 돈과는 확실하게 구분해놓아, 2년마다 지갑을 바꿀 때 그대로 남아 있기도 합니다.

만일의 상황에 대비한 돈으로, 사용하는 일은 거의 없습니다. 하지만 '사용하지 않는 비상용 지폐'가 지갑에 있다는 사실만으로도 왠지 모르게 든든한 기분이 듭니다.

한여름 밤 기억

여러 나라에 출장과 여행을 다닌 만큼 다양한 여행 가방을 사용해왔습니다.

제로할리버튼ZERO HALLIBURTON이나 리모와RIMOWA, 그 이외의 브랜드 제품도 사용해봤습니다.

그런데 길거리 이동에 사각 여행 가방은 부피가 커서 불편합니다. 진짜 여행을 즐기는 사람들 중에 하드커버를 사용하는 사람을 별로 본 적이 없습니다.

시행착오 끝에 다다른 것이 파타고니아Patagonia의 롤러 더플입니다. 지퍼로 크게 열리는 더플백에 카트가 달린 제품입니다. '대는 소를 겸한다'는 이유로 75리터짜리 검은색을 사용하고 있습니다.

롤러 더플을 사용하면서부터 여행을 자주 떠나고 즐기는 사람들이 소프트 케이스를 선택하는 이유를 알게 되었습니다. 가방 자체가 가벼워서 어디든 들고 다니기 쉽다는 것이 무엇보다 큰 장점입니다.

SUITCASE

멋진 것보다 언제든
가볍게 들고 다닐 수 있는 것이 좋다.

여행 기간이 길건 짧건 언제나 똑같은 롤러 더플을 사용합니다. 가방이 텅텅 비어 가벼워도 가득 차서 묵직해도 믿음직하게 해결해주는 편안한 여행 파트너입니다.

어느 나라에 가더라도 반드시 들고 가는 물건은 아로마 오일이나 샴푸, 비누 등의 기초 케어 제품입니다. 허브티 티백도 지참합니다. 허브는 술이나 담배를 즐기지 않는 나의 기호품이면서 상비약 대용이기도 합니다.

이전에는 긴 여행 때 의약품을 들고 나간 적도 있었습니다. 지금은 그것도 없이, 물론 컴퓨터도 없이 문고본 책 한 권이면 충분합니다.

돌아올 때에는 이것저것 짐이 늘어나는 것이 일반적이므로, 여행은 가볍게 나가서 부족한 것은 현지에서 구입해 사용하는 방식이 딱 좋다고 생각합니다.

에필로그 기본이라는 건 매우 심플합니다

내게 일이란 무엇인가, 생활이란 무엇인가를 생각해보는 것은 매우 중요합니다.

그 답을 말로 표현하는 일은 어렵습니다. 걸어가고 있을 때, 자동차를 운전하고 있을 때, 전철에서 손잡이를 잡고 있을 때 스스로에게 물어봅니다.

그리고 '혹시 이건가' 내지는 '어쩌면 이것인지도 몰라'라고 하는, 마구 뒤엉킨 실타래 같은 생각을 차근차근 풀어봅니다.

사람은 누구나 약하고 여린 존재라 '나답게' 있는 일이

쉽지 않습니다. 매일은 아니더라도 지치거나 혼란스럽거나 어떻게 해야 좋을지 모르는 날이 아주 많은 것이 사실입니다.

그럴 때야말로 자신에게 일이란 무엇인가, 생활이란 무엇인가에 대한 답을 돌이켜보며 자신의 기본을 점검해 보아야 합니다. 넓은 바다에서 헤엄치다 지쳤을 때, 몸을 쉴 수 있는 튜브가 있느냐 없느냐의 차이라고 할 수 있겠지요.

앞으로 방황하거나 고민하고, 때로는 칠흑 같은 어둠 속을 헤맬 때도 있을 겁니다. 그럴 때 자신만의 기본이 발밑을 비추는 작은 등불이 되어줄 것임을 믿습니다.

기본이라는 건 매우 심플합니다.
읽어주셔서 감사드립니다.

_ 마쓰우라 야타로

나만의 기본

초판 1쇄 발행 2019년 4월 5일
초판 4쇄 발행 2025년 7월 25일

지은이 마쓰우라 야타로 **옮긴이** 최윤영
펴낸이 김종길 **펴낸 곳** 글담출판사 **브랜드** 인디고

기획편집 이경숙·김보라 **마케팅** 김보미
디자인 손소정 **홍보** 김지수 **관리** 이현정

출판등록 1998년 12월 30일 제2013-000314호
주소 (04029) 서울시 마포구 월드컵로8길 41(서교동 483-9)
전화 (02) 998-7030 **팩스** (02) 998-7924
페이스북 www.facebook.com/geuldam4u **인스타그램** geuldam
블로그 http://blog.naver.com/geuldam4u

ISBN 979-11-5935-047-4 (03830)
책값은 뒤표지에 있습니다.
잘못된 책은 바꾸어 드립니다.

이 도서의 국립중앙도서관 출판시도서목록(CIP)은 e-CIP 홈페이지(http://www.nl.go.
kr/ecip)와 국가자료공동목록시스템(http://www.nl.go.kr/kolisnet)에서 이용하실 수
있습니다. (CIP 제어번호 : 2019008139)

만든 사람들 ————
책임편집 이은지 **표지 디자인** 정현주 **본문 디자인** 손지원 **교정교열** 윤혜숙

> 글담출판에서는 참신한 발상, 따뜻한 시선을 가진 원고를 기다리고 있습니다.
> 원고는 글담출판 블로그와 이메일을 이용해 보내주세요. 여러분의 소중한 경험과 지식을 나누세요.
> 블로그 http://blog.naver.com/geuldam4u 이메일 geuldam4u@naver.com

옮긴이 최윤영

자신이 전하는 글이 따스한 봄 햇살처럼 모든 사람들에게 다가가기를 바라며 일본 서적을 우리말로 옮기는 번역가로 활동 중이다.

옮긴 책으로는 『먹는 즐거움은 포기할 수 없어!』, 『혼자가 되었지만 잘 살아보겠습니다』, 『밤의 요가』, 『하나와 미소시루』, 『여리고 조금은 서툰 당신에게』, 『패밀리 집시』, 『아버지와 이토 씨』, 『애쓰지 않아도 괜찮다』 등이 있다.

자신의 기본부터
발견합시다

──────────── 먼저 있는 그대로의 자신이 어떤 인간인지를 알아야 합니다. 그런 다음 자신의 취향에 대해 생각합시다. 자신의 취향을 발견하고, 생활 속 자신만의 기본으로 삼는 것이야말로 '나다움'입니다. 흡사 벌거벗은 자신에게 옷을 입혀나가는 것과 같습니다.

이 책의 목적은 기본에 대한 답이 아닙니다. 한 사람의 기본을 예로 들어, 나의 기본은 어떤 것일까 하고 곰곰이 생각하며, 그것을 출발선으로 삼아 더욱 새로운 나다움을 향해 걸어 나갔으면 하는 것입니다.

기본 찾기는 온전한 자기 자신으로 있기 위한 출발선을 발견하는 일, 언제나 새로운 매일을 보내기 위한 첫걸음입니다.

03830

값 16,800원
ISBN 979-11-5935-047-4